Lehr- und Handbücher
zu
Sprachen und Kulturen

Herausgegeben
von
José Vera Morales
und
Martin M. Weigert

Bisher erschienene Werke:

Baumgart · Jänecke, Rußlandknigge
Jöckel, Wirtschaftsspanisch – Einführung
Lavric · Pichler, Wirtschaftsfranzösisch fehlerfrei –
le français économique sans fautes
Padilla Gálvez · Figueroa de Wachter,
Wirtschaftsspanisch – Textproduktion
Rathmayr · Dobrušina, Texte schreiben und präsentieren
auf Russisch
Schäfer · Galster · Rupp, Wirtschaftsenglisch, 11. Auflage
Schnitzer · Martí, Wirtschaftsspanisch –
Terminologisches Handbuch, 2. Auflage
Zürl, English Training: Confidence in Dealing
with Conferences, Discussions, and Speeches

Wirtschaftsspanisch

Terminologisches Handbuch

Manual de lenguaje económico

Herausgegeben
von
Dr. Johannes Schnitzer
und
Dr. Jordi Martí

Zweite Auflage

R. Oldenbourg Verlag München Wien

Die Deutsche Bibliothek - CIP-Einheitsaufnahme

Wirtschaftsspanisch : terminologisches Handbuch = Manual de lenguaje económico / hrsg. von Johannes Schnitzer und Jordi Martí. – München : Oldenbourg, 1998
  ISBN 3-486-24614-3
NE: Schnitzer, Johannes [Hrsg;]; Manual de lenguaje económico

© 1998 R. Oldenbourg Verlag
Rosenheimer Straße 145, D-81671 München
Telefon: (089) 45051-0, Internet: http://www.oldenbourg.de

Das Werk einschließlich aller Abbildungen ist urheberrechtlich geschützt. Jede Verwertung außerhalb der Grenzen des Urheberrechtsgesetzes ist ohne Zustimmung des Verlages unzulässig und strafbar. Das gilt insbesondere für Vervielfältigungen, Übersetzungen, Mikroverfilmungen und die Einspeicherung und Bearbeitung in elektronischen Systemen.

Gedruckt auf säure- und chlorfreiem Papier
Gesamtherstellung: Hofmann Druck Augsburg GmbH, Augsburg

ISBN 3-486-24614-3

Vorwort:

Die **Zielsetzung** dieses Buches besteht darin, den Einstieg in die spanische Wirtschaftssprache zu erleichtern. Zu diesem Zweck bringt es sowohl die sprachlichen als auch die inhaltlichen Informationen, die notwendig sind, um grundlegende spanische Wirtschaftstermini zu verstehen und zu gebrauchen.

Die **Auswahl der Einträge** war durch das Kriterium ihres Vorkommens in journalistischen Texten bestimmt, da der erste Kontakt mit Wirtschaftssprache vor allem in der Fremdsprache zumeist durch Zeitungstexte erfolgt. Nur in einigen wenigen Fällen wurden aus Gründen der Systematik der Darstellung andere Termini miteinbezogen.

Das Buch besteht im wesentlichen aus **spanischsprachigen Erklärungen** von Wirtschaftsvokabeln. Diese wurden so gestaltet, daß sie für jemanden, der über keinerlei wirtschaftliches Wissen und nur über Grundkenntnisse des Spanischen verfügt, verständlich sein sollen.

Ergänzt wurden die Erklärungen mit **deutschen Übersetzungen** sowohl der Fachterminologie aber auch anderer sprachlicher Elemente, die eventuell Verständnisschwierigkeiten hervorrufen können. Wie immer bei Übersetzungen ist natürlich auch hier zu beachten, daß diese an den jeweiligen Kontext angepaßt sein müssen, d.h. daß eine Übersetzung, die für einen bestimmten Kontext gültig ist, in einem anderen möglicherweise nicht zutreffend sein kann. Bei der Übersetzung von Substantiven wurde der Numerus weitgehend beibehalten, die Verben sind in der deutschen Entsprechung stets in den Infinitiv gesetzt.

Als weiteres Element finden sich **terminologische Behandlungen** der allerwichtigsten Vokabeln, in der bedeutungsgleiche oder -ähnliche Wörter ("sinónimos" - abgekürzt "sin."), Ableitungen ("familia léxica" - "fam.") und typische Kontexte ("contextos" - "con.") angeführt werden. Es ist klar, daß diese Informationen hier nur exemplarischen Charakter haben können.

Ergänzend angefügt wurden weiters **Grafiken** (deren statistische Informationen auf Angaben aus dem Anuario El País 1995 bzw. dem Anuario El Mundo 1995 beruhen), eine **Liste der gebräuchlichsten Siglen und Abkürzungen** sowie ein **spanisch-deutscher** und ein **deutsch-spanischer Index**.

Das Buch ist Resultat eines Gemeinschaftsprojekts von Spanischlehrern, Fachsprachenforschern und Wirtschaftswissenschaftlern der Wirtschaftsuniversität Wien und der Universitat Pompeu Fabra (Barcelona).

Die **Autoren** sind:

Dr. Jordi Martí Pidelaserra (J.M.)
Lic. Mercedes Pérez Perdigó (M.P.)
Lic. Carlos Rivero Conesa (C.R.)
Dr. Johannes Schnitzer (J.S.)
Mag. Manfred Skorjanetz (M.S.)

Die deutschen Übersetzungen wurden von Birgit Rivero-Reich und Johannes Schnitzer erstellt, die terminologischen Erklärungen von Mercedes Pérez Perdigó.

Bei der Layoutierung sowie der Gestaltung der Grafiken und Register wurden wir von Heinz Kiko unterstützt.

Viele Anregungen gaben uns Rafael Abajo, Sonia Córdoba, Dr. Lucy Damjanova, Mag. Barbara Gelautz, Mag. Claudia Kreiner-Schubert, Mag. Bernhard Leitner, Mag. Ursula Obermayer, Ing. Horacio Pérez, Univ.Prof. Dr. Peter Schifko und Mag. Yekta-Deniz Schnitzer.

Finanziell unterstützt wurde das Projekt vom Bundesministerium für Wissenschaft, Forschung und Kunst und vom Ministerio de Educación y Ciencia (im Rahmen der "Acciones Integradas Hispano - Austríacas"), der Dr. Franz Josef Mayer-Gunthof-Stiftung und der Wirtschaftsuniversität Wien.

An sie alle ein herzliches Dankeschön.

Johannes Schnitzer, Jordi Martí

Inhaltsverzeichnis:

Vorwort V

ASPECTOS GENERALES

Los bienes económicos 1

Los sectores económicos 3

El dinero y la moneda 5

El ahorro, el consumo, la financiación y la inversión 7

La economía de mercado 9

La ley de la oferta y la demanda 11

Los monopolios y oligopolios 13

El producto interior bruto (PIB), el producto nacional bruto (PNB) y
    la renta nacional 15

La coyuntura y el crecimiento económico 17

Los ingresos y la renta 19

La distribución de la renta, el nivel y la calidad de vida 21

Los países industrializados, los países emergentes y
    los países en vías de desarrollo 23

La inflación 25

El índice de precios al consumo (IPC) 27

La distribución y el comercio 29

El librecambio y el proteccionismo 31

La balanza de pagos 33

Los tributos 35

El impuesto sobre la renta de las personas físicas (IRPF) 37

El impuesto sobre el valor añadido (IVA) 39

La presión y el fraude fiscal 41

La política fiscal y la política presupuestaria 43

EL MUNDO LABORAL

Los tipos de trabajo y la ocupación 45

Los contratos laborales 47

La política laboral 49

Los sindicatos y las patronales 51

Las negociaciones salariales 53

La huelga 55

La población activa y la población ocupada 57

El desempleo o paro 59

El subsidio de desempleo 61

La seguridad social (S.S.) 63

La asistencia sanitaria y las pensiones de jubilación 65

La economía sumergida 67

LA EMPRESA

La empresa 69

La sociedad anónima y la sociedad limitada 71

La sociedad colectiva y la sociedad comanditaria 73

La sociedad cooperativa y la sociedad anónima laboral 75

La contabilidad, el balance y la cuenta de pérdidas y ganancias 77

La facturación, la cifra de ventas, la cifra de negocios y el beneficio . . . 79

Las amortizaciones y el cash-flow 81

La competitividad y la productividad 83

Las concentraciones empresariales 85

La adquisición y fusión de empresas 87

El marketing 89

LAS FINANZAS

El banco 91

La caja de ahorros 93

Los depósitos bancarios 95

El crédito, el préstamo y el empréstito 97

El tipo de interés y el tipo de descuento 99

La letra de cambio 101

El cheque y el pagaré 103

El leasing y el factoring 105

El banco central 107

El tesoro público y la deuda pública 109

La política monetaria y la política financiera 111

Los tipos de cambio y las uniones monetarias 113

La depreciación y la devaluación 115

El sistema monetario europeo y el ecu 117

El Banco Mundial y el Fondo Monetario Internacional 119

Los mercados financieros 121

La bolsa 123

Los índices bursátiles 125

Los fondos de inversión 127

La acción 129

Las obligaciones y los bonos 131

La opción 133

Los contratos de futuros 135

El seguro 137

El sistema financiero español 139

Siglas y abreviaturas económicas y generales más comunes 141

Índice alfabético (español - alemán) 146

Alphabetisches Sachregister (deutsch - spanisch) 165

LOS BIENES ECONÓMICOS — Wirtschaftsgüter

En economía por **bien** se entiende todo aquello que es susceptible de ser comprado o vendido. — Gut

Aunque a simple vista parece que todo se puede comprar y vender existen algunos elementos de la naturaleza (por ej. el aire, el agua, el sol) o valores éticos (por ej. el amor, el derecho a la vida) para los que normalmente no existe ningún **mercado**. — Markt

Para estos casos se utiliza la expresión **bienes libres**, mientras que los bienes económicos se consideran **bienes escasos**. — freie Güter / knappe Güter

Los bienes económicos se clasifican según muchos criterios. Veamos algunos:

Según su naturaleza se habla de **bienes tangibles** (o materiales) e **intangibles** (o inmateriales). Mientras que para referirse a los primeros muchas veces se habla simplemente de "bienes", los últimos también se denominan **servicios**. — materielle u. immaterielle Güter / Dienstleistungen

Según el **estado de transformación** se distingue entre **materias primas, bienes intermedios y bienes finales**. Las materias primas entran en el **proceso productivo** tal como se extraen de la naturaleza, sin haber sufrido ningún cambio. Los bienes intermedios ya han estado sometidos a algún proceso productivo, pero todavía no están listos para el **consumo final**. Han de ser utilizados en una etapa posterior del ciclo productivo. Los bienes finales son aquellos que se prestan a un consumo inmediato. Esta clasificación es la utilizada por la **teoría económica**, en el ámbito de **la economía de la empresa** muchas veces se utilizan los términos **productos semielaborados y productos acabados**. Los primeros no han pasado por todas las fases de transformación, los acabados ya están listos para la venta. En la economía de la empresa también se usa el término "materia prima" para referirse a cualquier input en la producción. Para evitar, en este ámbito, una asociación directa entre "materia prima" y "**recursos naturales**", se usa cada — Bearbeitungsstadium / Rohstoffe; Zwischenprodukte; Endprodukte / Produktionsprozeß / Endverbrauch / Wirtschaftstheorie / Betriebswirtschaftslehre / Halbfertig- u. Fertigwaren / natürliche Ressourcen

vez más el término "materia primera" (en Latinoamérica "insumo"). Según la finalidad de los bienes se distingue entre **bienes de consumo**, que se dirigen a los consumidores finales, y **bienes de capital** (**bienes de equipo** o **de inversión**), que son necesarios para otros procesos productivos. Los bienes de consumo se dividen a su vez en **bienes de consumo duraderos y no duraderos**. Los primeros son aquellos que se prestan a un consumo **a largo plazo** (por ej. coches), mientras que los no duraderos tienen una vida útil mucho más reducida (por ej. un spray desodorante). Dentro de los no duraderos también encontramos los **bienes perecederos** que requieren unas condiciones de conservación especiales (por ej. fruta, pescado).

En la teoría económica es muy importante la diferenciación entre **bienes normales e inferiores**.

Si un **consumidor** compra más unidades de un bien cuando aumentan sus **ingresos** se habla de "bien normal" (por ej. alimentos frescos). Si, por el contrario, cuanto más aumentan sus ingresos menos unidades compra de ese bien, se habla de "bien inferior" (por ej. latas de conserva).

También es importante la diferenciación entre **bienes sustitutivos** y **bienes complementarios**. Los bienes sustitutivos son los que **satisfacen** la misma **necesidad**, en los complementarios la combinación de bienes satisface una necesidad. Así, el coche particular es un producto sustitutivo del **transporte público** y la gasolina es un bien complementario del coche.

Según el origen del bien se distingue entre **bien público** y **bien privado**. El primero hace referencia a los bienes ofrecidos por el **sector público** (Estado, comunidades autónomas, ayuntamientos, etc.) **sin afán de lucro** (por ej. el transporte público o la **recogida de basuras**). Los segundos se ofrecen por las empresas privadas con el objetivo de **obtener beneficios**. [J.M./J.S.]

Konsumgüter
Kapitalgüter; Anlagegüter; Investitionsgüter

langlebige u. kurzlebige Konsumgüter

langfristig

verderbliche Güter

normale u. inferiore Güter

Verbraucher
Einkünfte

Substitutionsgüter; Komplementärgüter; befriedigen; Bedürfnis

öffentliche Transportmittel
öffentliches Gut
privates Gut
öffentlicher Sektor

ohne Gewinnabsicht
Müllabfuhr

Gewinne erzielen

LOS SECTORES ECONÓMICOS

Wirtschaftssektoren

Los economistas consideran que la economía se divide en tres sectores de características bastante diferenciadas. Cada uno de estos sectores se divide a su vez en **subsectores, ramas o ramos de actividad**.

Wirtschaftszweige

El primero de los sectores económicos es el **sector primario**. En éste se incluyen todas las actividades en las cuales se obtienen directamente productos que no han sido objeto de ninguna **transformación**. Estos productos pueden provenir de la superficie de la tierra (**agricultura, ganadería** y **economía forestal o silvicultura**), extraerse del interior de la tierra (**minería**) o del mar o aguas interiores (**pesca**).

Primärsektor

Verarbeitung
Landwirtschaft
Viehzucht;Forstwirtschaft
Bergbau
Fischerei

En el **sector secundario** se realiza una transformación de los productos obtenidos en el sector primario, dándose lugar a **productos elaborados**. Encontramos aquí dos subsectores, la **industria** (desde la **industria pesada** hasta la **industria manufacturera** pasando por algunas **actividades artesanales**) y la **construcción**.

Sekundärsektor

verarbeitete Produkte

Industrie; Schwerindustrie; verarbeitende Ind.
handwerkliche Tätigkeiten; Bauwirtschaft

Mientras que los dos sectores anteriores tienen en común que el resultado de la actividad económica es un **producto tangible**, en el último de los sectores, el **terciario o sector servicios**, el resultado es, por el contrario, un **producto intangible o servicio**. El terciario posee numerosos subsectores (**transporte, comercio, hotelería, servicios financieros**, etc.).

materielles Gut
Tertiär-, Dienstleistungssektor; immaterielles Gut; Dienstleistung
Transport; Handel; Hotellerie; Finanzdienstleistungen

Para ilustrar las actividades de los tres sectores económicos podemos ver lo que ocurre con un producto como el jugo de tomate. La plantación, el cuidado y la recolección de los tomates correspondería al sector primario (agricultura), su transformación en jugo y posterior **envasado**, al sector secundario (**industria alimentaria**), y la llegada de los frascos a los **consumidores**, al sector terciario (transporte, comercio).

Abfüllung
Nahrungsmittelindustrie
Konsumenten

Para evitar contar varias veces un producto a su paso por varios sectores o subsectores, en la

contabilidad nacional sólo se tiene en cuenta el valor final de éste. [C.R.]

volkswirtschaftliche Gesamtrechnung

sector (n.m.)
sin.: rama, ramo;
fam.: subsector (n.m.); sectorial (adj.);
con.: sector primario/secundario/terciario; sector (de) servicios; sector (de la) construcción; sector público (*öffentlicher Sektor*); sector exterior (*Außenhandelssektor*);

agricultura (n.f.)
sin.: sector agrícola=agrario;
fam.: agricultor (n.m.); agrónomo (*L.-experte*); agronomía (*L.-kunde*); agrario=agrícola (adj.);
con.: agrícola: la explotación agraria/agrícola (*landwirtschaftlicher Betrieb*); la cooperativa agrícola (*landwirtschaftliche Genossenschaft*);

ganadería (n.f.)
sin.: sector ganadero;
fam.: ganado (n.m., *Vieh*); ganadero (adj., n.m., *Viehzüchter*);
con.: ganado: la cría de ganado (*Viehzucht*);

minería (n.f.)
sin.: sector minero;
fam.: mina (n.f., *Bergwerk*); minero (adj., n.m., *Bergarbeiter*);
con.: mina: la mina de carbón (*Kohlengrube*); explotar una mina (*ausbeuten*);

pesca (n.f.)
sin.: sector pesquero;
fam.: pescar (v.); pescador (n.m.); pescado (n.m.); pesquero (adj.);
con.: pesquero: la flota pesquera (*Fischereiflotte*);

industria (n.f.)
sin.: sector industrial;
fam.: industrializar (v.); industrialización (n.f.); industrial (adj., n.m., *Industrieller*);
con.: industria ligera/pesada (*Leicht-/Schwerindustrie*), industria del acero (*Stahlindustrie*);

construcción (n.f.)
fam.: construir (v.); constructor (adj., n.m.);
con.: construcción naval (*Schiffsbau*), construcción de viviendas (*Wohnbau*);
   constructor: la empresa constructora (*Baufirma*).

EL DINERO Y LA MONEDA

Geld und Währung

Para entender el papel que el dinero desempeña en la economía, deben estudiarse sus distintas funciones. Básicamente el dinero se utiliza en las relaciones económicas para determinar la capacidad para **adquirir bienes y servicios** o **liquidar deudas**. Por esta razón, el dinero (y no el **trueque**) es el **medio de pago** por excelencia. Como medio de pago, el dinero adquiere la forma de **billetes de banco, monedas metálicas, cheques, tarjetas de crédito**, etc.

Güter u. Dienstleistungen erwerben; Schulden begleichen; Tauschhandel; Zahlungsmittel
Banknoten; Münzen
Schecks; Kreditkarten

Antiguamente, los pagos se realizaban con metales preciosos. De ahí que la forma más antigua de materializar el dinero sea **acuñar** monedas metálicas. El valor de cada moneda dependía del precio de los metales utilizados en su confección. En la actualidad, los metales no indican el valor de la moneda, sino que, como en cualquier medio de pago, su valor depende de la confianza en el **emisor** (normalmente un **banco central** bajo autorización de un Estado).

prägen

Emittent; Zentralbank

El término "moneda", aparte de referirse a las **acuñaciones** metálicas, también designa la **unidad de cuenta** de cada país. En este sentido la peseta es la unidad con la que se cuenta el dinero en España, el chelín es la austríaca, etc. Durante mucho tiempo el valor de una moneda nacional dependió de las **reservas de oro** que tenía el banco central. Éste estaba obligado a cambiar cualquier billete que hubiese emitido por su valor en oro. Actualmente la confianza en el banco central se basa no sólo en las reservas de oro, sino también en las de **divisas** (monedas extranjeras) y otros **valores** (**préstamos** a otros países, etc.). Así se explica por qué en países en los que no existe en la población esta confianza (por ej. por una crisis) la gente intenta conseguir divisas que se consideren más fiables que la moneda nacional.

Prägungen; Rechnungseinheit

Goldreserven

Devisen
Wertpapiere; Darlehen

Otra función muy importante del dinero consiste en ser un **depósito de valor**. Esto quiere decir,

Wertanlage

que el dinero sirve para almacenar **capacidad de compra** y así, poder disponer en un momento futuro del **poder adquisitivo** que hoy no aprovechamos. Normalmente este dinero se deposita en los bancos y deja de tener forma material ya que no está físicamente almacenado en las **cajas fuertes** de los bancos, sino que existe en forma de números en las **cuentas** de los clientes. Esta función de depósito también es evidente en el caso de aquellas divisas que inspiran confianza y, por eso, se utilizan como **activos financieros**, es decir, como una forma de **colocar los ahorros**. Los **inversores** aprovechan la existencia de los mercados internacionales para colocar sus riquezas en una u otra moneda. Así pueden obtenerse **beneficios** importantes con sólo **cambiar una moneda** en los momentos adecuados por otra. [J.M./J.S.]

Kaufkraft

Kaufkraft

Safes
Konten

Finanzanlagen
die Ersparnisse anlegen
Anleger

Gewinne; eine Währung umtauschen

dinero (n.m.)
con.: ganar dinero; pagar con dinero; invertir dinero; ahorrar dinero; ingresar=depositar dinero en el banco (*Geld bei einer Bank einzahlen*)/retirar=sacar dinero; emitir dinero; crear dinero (*Geld schöpfen*); gastar dinero;
el dinero se revaloriza/pierde valor; la revalorización=la apreciación del dinero (*Geldaufwertung*)/la depreciación=la pérdida del valor del dinero (*Geldentwertung*); dinero (en) efectivo=metálico (*Bargeld*);
el mercado de dinero (*Geldmarkt*); el poder adquisitivo del dinero (*Kaufkraft des Geldes*); la transferencia de dinero (*Geldüberweisung*);

moneda (n.f.)
fam.: monetario (adj.); monetarismo (n.m.); monetarista (n.m/f., adj., referente a monetarismo); monedero (n.m., *Geldbörse*);
con.: acuñar monedas (*Münzen prägen*); poner en circulación moneda;
la moneda se deprecia (*verliert an Wert*)/aprecia=se revaloriza (*gewinnt an Wert*); se devalúa (*wird abgewertet*)/se revalúa (*wird aufgewertet*); la moneda (se) cotiza a ...=se cambia a... (*notiert bei...*);
moneda fuerte/débil; moneda nacional/extranjera; moneda convertible/no convertible; moneda de curso legal (*gesetzliches Zahlungsmittel*);
moneda de oro; moneda de X pesetas;
la cotización=el (tipo de) cambio=el curso de una moneda (*Kurs einer Währung*); el papel moneda (*Banknoten*); el valor de la moneda.

EL AHORRO, EL CONSUMO, LA FINANCIACIÓN Y LA INVERSIÓN

Sparen, Konsum, Finanzierung und Investition

Una persona tiene varias posibilidades de emplear sus **ingresos**. Siempre dedicará una parte a un consumo inmediato, o sea gasta dinero para **satisfacer** sus **necesidades** más **básicas**. Si estos ingresos sobrepasan el nivel necesario para sobrevivir, puede ser que siga consumiendo hasta agotar sus ingresos, satisfaciendo cada vez más necesidades de menor importancia, aunque también puede ser que dedique una parte al ahorro. De esta última manera renuncia al consumo presente para garantizarse una capacidad de consumo futura.

Einkünfte

Grundbedürfnisse befriedigen

La forma más elemental de ahorro consiste en **almacenar** el dinero en una **hucha**. El inconveniente de este tipo de ahorro consiste, aparte de la inseguridad que implica, en que a causa de la **inflación** este dinero pierde poco a poco su valor. Para evitar esta **depreciación** la gran mayoría de los **ahorradores** busca **formas de ahorro** que ofrezcan mayor seguridad y una protección ante la **pérdida de valor**.

aufbewahren; Sparbüchse

Inflation
Entwertung
Sparer; Sparformen

Wertverlust

Básicamente existen dos **posibilidades de colocación**: **operaciones de financiación** y **operaciones de inversión**.

Anlagemöglichkeiten
Finanzierungsoperationen; Investitionsoperationen

En las operaciones de financiación el ahorrador **cede sus recursos** a otra persona o entidad a cambio de que en un momento futuro le devuelva el **importe prestado** más unos **intereses**. Así, lo que hace el ahorrador es **conceder un crédito**.

die Mittel überlassen

geliehene Summe; Zinsen; einen Kredit gewähren

En las operaciones de inversión, el ahorrador no cede sus recursos, sino que los **coloca en un negocio** del que, precisamente por **aportar sus fondos**, se hace **socio**. De esta manera el ahorrador, convertido ahora en **inversor**, intenta obtener una **rentabilidad** mayor que la ofrecida por las operaciones de financiación. Normalmente este tipo de operaciones también conllevan riesgos mayores.

in einem Geschäft anlegen; seine Mittel einbringen; Teilhaber
Investor
Ertrag

Puesto que para la gran mayoría de los ahorra-

Aspectos generales 8

dores no es posible **administrar sus ahorros**, se dirigen a un **banco** o a otra **institución financiera** que se encargan de **gestionar** estos **recursos** en forma de créditos (operaciones de financiación) o colocándolos en otros negocios (operaciones de inversión, por ej. **compra de acciones** de una empresa). Tanto las operaciones de financiación como las de inversión son sumamente importantes para el funcionamiento de la economía. Al final, tanto unas como otras **facilitan** fondos a las industrias del país y posibilitan la producción de los bienes que se consumirán en el futuro. Por esta razón se habla muy positivamente de las **inversiones productivas**. Aquellas inversiones cuya finalidad es tan sólo el aumento del capital invertido reciben muchas veces el nombre de **especulación** y no se consideran tan positivas. No obstante, tampoco son perjudiciales para la economía si al final estos recursos **facilitan** la financiación e inversión empresarial. [J.M./J.S.]

ihre Ersparnisse verwalten; Bank; Finanzinstitut
Mittel verwalten

Ankauf von Aktien

verschaffen

produktive Investitionen

Spekulation

ermöglichen

inversión (n.f.)
fam.: invertir (v.); inversor (n.m.); inversionista (en Latinoamérica; n.m.);
con.: efectuar una inversión; fomentar=incentivar/frenar la inversión; amortizar una inversión;
 una inversión es ventajosa=beneficiosa/desacertada=errónea=mala;
 inversión de capital; inversión en títulos=mobiliaria (*Wertpapierinvestition*); en inmuebles=inmobiliaria; inversión a corto/a largo plazo; a plazo fijo; bruta/neta; financiera; industrial; pública/privada;

ahorro (n.m.)
fam.: ahorrar (v.); ahorrador (n.m., *adj., Sparer, sparsam*); ahorrativo (adj.);
con.: el ahorro aumenta/disminuye; fomentar=estimular/destruir, penalizar el ahorro; colocar ahorros; retirar los ahorros (*die Esparnisse abheben*);
 la caja de ahorros (*Sparkasse*); la cartilla=la libreta de ahorros (*Sparbuch*);
 ahorro vivienda (*Bausparen*); ahorro de energía, de tiempo...;

consumo (n.m.)
fam.: consumir (v.); consumidor (n.m.); consumición (de una bebida; n.f.);
con.: el consumo aumenta/disminuye; fomentar=estimular/penalizar=gravar el consumo;
 consumo de gasolina, de materias primas; consumo per cápita (*pro Kopf*);
 la sociedad de consumo; los bienes de consumo (*Konsumgüter*).

LA ECONOMÍA DE MERCADO

Marktwirtschaft

La economía de mercado o liberal se fundamenta en la existencia de un espacio ideal, el mercado, donde se producen las relaciones económicas. Esto quiere decir que por mercado se entiende el ámbito (que puede ser un país, un sector, etc.) donde se encuentran la **demanda** y la **oferta** para fijar los precios de los productos.

Nachfrage; Angebot

La idea fundamental del mercado es que los **agentes económicos (oferentes y demandantes de bienes y servicios)** persiguen únicamente su interés individual; sin embargo, la suma de los egoísmos personales conduce al **bienestar** general. Esto se producía, según la opinión de los primeros economistas liberales, mediante una "mano invisible", que regulaba las relaciones económicas y conducía a la mejor satisfacción posible de los intereses privados.

Wirtschaftssubjekte; Anbieter und Nachfrager von Gütern u. Dienstleistungen; Wohlstand

Condición para el buen funcionamiento del mercado es que la intervención del Estado en la economía sea la menor posible, o si se puede, nula. Sólo se valora positivamente una intervención dirigida a defender la **libre competencia** entre los agentes.

freier Wettbewerb

Muchos economistas consideran la economía capitalista como bastante eficiente, pero critican las enormes diferencias sociales que se dan incluso en algunos países muy ricos.

Los defensores del sistema de mercado, y sobre todo los llamados **monetaristas**, contraatacan echando la culpa de los problemas sociales en primer lugar a la excesiva intervención del Estado, que tiene un papel nada despreciable a nivel económico, incluso en los países considerados más liberales, como Estados Unidos o Japón; en segundo lugar a las restricciones al **libre comercio** internacional, y en último lugar, aunque en menor medida que los anteriores, a la existencia de **monopolios, grupos de presión** o **cárteles**. Estos factores impiden el funcionamiento ideal del mercado (**competencia perfecta**).

Monetaristen

Freihandel

Monopole; Interessensgruppen; Kartelle
vollkommener Wettbe-

La reacción más fuerte contra la economía liberal ha venido de la **economía planificada** inspirada por el marxismo. Según esta corriente de pensamiento, una minoría de capitalistas, poseedores de los **medios de producción** y amparados por el Estado, se benefician de las **plusvalías** que obtienen de las clases oprimidas, que constituyen la mayoría de la población. En numerosos países del mundo, en los que el poder, sobre todo tras la Segunda Guerra Mundial, cayó en manos de los partidos comunistas, se desarrolló (y aún se desarrolla en algunos pocos casos) un sistema económico no muy exitoso en el cual el Estado controlaba el funcionamiento de la economía nacional.	werb Planwirtschaft

Produktionsmittel Wertzuwächse |
| En la misma época llegaron al poder en numerosos países europeos occidentales los partidos socialdemócratas, que impulsaron el llamado **Estado de bienestar** en el cual conviven los principios del mercado con una intervención estatal muy fuerte, sobre todo en campos como la **Seguridad Social** o la educación. Este sistema se ve a su vez en la actualidad muy criticado por su alto **gasto público** y por la elevada **deuda pública** en relación al **producto interior bruto**. [C.R.] | Wohlfahrtsstaat

Sozialversicherung

Ausgaben der öffentlichen Hand; Staatsverschuldung; Bruttoinlandsprodukt |

<u>mercado</u> (n.m.)
fam.: mercadería (en Latinoamérica)=mercancía (n.f., *Ware*); mercadotecnia (n.f., *Marketing*); mercadeo (n.m., *Vermarktung*);
con.: abrir/cerrar un mercado; liberalizar/regular un mercado; buscar nuevos mercados; explotar el mercado; saturar el mercado (*den Markt sättigen*); dominar el mercado;
mercado exterior/interior; nacional/internacional; bursátil; financiero; inmobiliario; mercado de frutas y verduras; mercado de trabajo;
mercado local; mercado negro; mercado transparente;
la evolución del mercado (*Marktentwicklung*); el comportamiento del mercado (*Marktverhalten*); las condiciones del mercado (*Marktbedingungen*); la economía de mercado libre (*freie Marktwirtschaft*); el análisis del mercado; el estudio=la investigación de mercado (*Marktforschung*); el segmento del mercado; el nicho=el hueco del mercado (*Marktlücke*); la cuota de mercado (*Marktanteil*); el precio de mercado (*Marktpreis*); la recuperación del mercado; la regulación del mercado.

LA LEY DE LA OFERTA Y LA DEMANDA

Das Gesetz von Angebot und Nachfrage

La ley básica de la **economía de mercado** es la de la oferta y la demanda.

Marktwirtschaft

El comportamiento de la demanda de un producto se representa gráficamente a través de una **curva de demanda**, que pone en relación los precios de un producto con la cantidad de este mismo producto que los **consumidores** quieren comprar. De acuerdo con esta curva, un **demandante** de productos o consumidor estaría dispuesto a consumir más cantidades de producto cuanto más bajo fuera el precio de éste.

Nachfragekurve

Konsumenten

Nachfrager

La curva de demanda para los diversos productos no es igual. Existen curvas de demanda **elásticas** e **inelásticas**.

elastisch; unelastisch

Vamos a ver esto con dos productos típicos: Una unidad de consumo, por ej. una familia, no desearía comprar enormes cantidades de tomates o frutas, sólo porque se pudieran obtener más baratos, en cambio, muchos estarían dispuestos a llenar la casa de botellas de cerveza con tal de que las pudieran comprar algunas pesetas por debajo del precio habitual. Se llega así a la conclusión de que los tomates (**alimento** o **bien de consumo perecedero**) tienen una demanda más inelástica que la cerveza (alimento o **bien de consumo** relativamente **duradero**).

Nahrungsmittel; verderbliches Konsumgut

langlebiges Konsumgut

La curva de demanda muestra sólo las tendencias de los demandantes, pero no las cantidades que realmente se compran y consumen, pues ello depende también de los deseos de los **oferentes** o **vendedores** del producto.

Anbieter; Verkäufer

La **curva de oferta** funciona de forma inversa a la de demanda. A un precio alto los oferentes desearían vender grandes cantidades de producto; a un precio bajo, cantidades más pequeñas. La elasticidad de la curva depende, como ya vimos en la curva de la demanda, del producto en cuestión.

Angebotskurve

Los demandantes y los oferentes tienen actitudes

contrarias en el mercado. Los primeros quieren comprar mucho y barato, los segundos vender mucho y caro. Si se mantuviera esta tendencia, podría darse el caso de que casi nadie comprara ni vendiera.
Para poder comprar o vender, los demandantes y oferentes se ven obligados a ceder para llegar a un acuerdo. Este acuerdo se refleja en el punto en que se cruzan las curvas de oferta y demanda, que es el llamado **punto de equilibrio**. Este punto, que es el que satisface de la mejor manera posible los deseos de oferentes y demandantes, nos indica tanto la cantidad como el precio al que ambos están dispuestos a vender y comprar el producto. [C.R.]

                    Gleichgewichtszustand

oferta (n.f.)
fam.: ofertar (v., *anbieten*); ofrecer (v.); oferente (n.m.); ofertante (n.m.); ofrecimiento (n.m.);
con.: hacer=presentar una oferta; considerar una oferta (*ein Angebot in Erwägung ziehen*); aceptar/rechazar una oferta; aumentar la oferta (*ein Angebot erhöhen*);
    la oferta puede ser abundante/escasa; especial=extraordinaria; inicial (*erstes Angebot*)/final (*Letztgebot*); la mejor oferta (*Höchstgebot*);
    ofertas de empleo (*Stellenanzeigen*); de mano de obra; de compra (*Kaufangebot*); de venta (*Verkaufsangebot*); de mercancías; de servicios;
    el aumento/la caída de la oferta; la curva de la oferta; la elasticidad de la oferta;

demanda (n.f.)
fam.: demandar (v.); demandante (n.m., adj.);
con.: crear demanda (*Bedarf schaffen*); cubrir la demanda (*decken*); satisfacer la demanda (*befriedigen*);
    demanda escasa (*geringe Nachfrage*)/excesiva (*Überbedarf*);
    la demanda de empleo; de mano de obra; de los consumidores; de productos de primera necesidad (*lebensnotwendiger Bedarf*); de productos alimenticios; de bienes de lujo; de viviendas (*Wohnungsbedarf*); de energía;
    el aumento/la caída=el debilitamiento=la reducción de la demanda; la curva de la demanda; la elasticidad de la demanda; el monopolio de la demanda.

LOS MONOPOLIOS Y OLIGOPOLIOS

Monopole und Oligopole

El monopolio es una empresa o institución que controla la **demanda** o la **oferta** de un determinado producto en un **mercado**.
El **monopolio** puede ser no sólo **de demanda** (**monopsonio**) o **de oferta**, sino también público o privado.
Muchos servicios estatales tienen una posición de monopolio. Así por ej. las compañías ferroviarias estatales europeas, como la RENFE en España, funcionan como un monopolio de oferta, pues son prácticamente las únicas que ofrecen servicios ferroviarios en el país; al mismo tiempo constituyen un monopolio de demanda en lo que se refiere a la compra de material ferroviario.
Los monopolios privados son más raros. En los países desarrollados se dan sobre todo en el caso de productos muy específicos (por ej. los personajes de Walt Disney están centralizados por una única empresa que otorga permisos para su uso); en países menos desarrollados es común que grandes empresas, normalmente extranjeras, disfruten del monopolio de concesiones de determinadas **materias primas**. No hay que olvidar tampoco las luchas entre Coca-Cola y Pepsi por poseer el **monopolio de ventas** de bebidas de cola en países con mercados gigantescos y sistemas políticos autoritarios como la antigua URSS o China.
La posición de estos dos productores de bebidas en la mayoría de los países correspondería, sin embargo, a un **duopolio** de oferta (dos **competidores** se reparten el mercado de un país).
Naturalmente el número de empresas que se reparten el mercado puede ser mayor, aunque siempre limitado; en este caso se habla de oligopolio.
El principal inconveniente del monopolio o del oligopolio (pese a la existencia en la mayoría de los países de leyes antimonopolio) es que las empresas aprovechen su posición en el mercado

Nachfrage; Angebot
Markt
Nachfragemonopol
Monopson, Angebotsmonopol

Rohstoffe

Verkaufsmonopole

Duopol
Konkurrenten

para fijar los precios que deseen, o para impedir a otros posibles competidores la entrada en el mercado.

En algunos casos la posición de oligopolio endurece la **competencia** y conduce a precios bajos, pero impide la aparición de nuevas empresas (¿alguien se imagina una tercera bebida de cola de importancia internacional?); en otros, sin embargo, por ej. a través de **acuerdos entre empresas**, puede conducir a un nivel de precios elevado. Este podría ser en alguna medida el caso del sector eléctrico en España, que goza de una estructura bastante oligopolista.

En el caso de los **monopolios estatales**, se ha comprobado (por ej. a través de la **privatización** de los ferrocarriles japoneses, o de la aparición en España de los **servicios de mensajería** privados) que los servicios estatales, al no estar muy preocupados por las **pérdidas**, suelen ser más baratos, pero más ineficientes que los privados. [C.R.]

Konkurrenz

Absprachen zwischen Unternehmen

Staatsmonopole
Privatisierung

Botendienste

Verluste

monopolio (n.m.)
fam.: monopolizar (v.); monopolista (n.m., adj.); monopolístico (adj.);
con.: establecer=constituir un monopolio (*errichten*); fomentar un monopolio (*fördern*); prohibir/permitir los monopolios; disolver un monopolio (*ein Monopol auflösen*); monopolio de abastecimiento (*Versorgungsmonopol*); bancario (*Bankmonopol*); de demanda=compradores (*Nachfragemonopol*=monopsonio)/de oferta (*Angebotsmonopol*); de Estado=estatal (*Staatsmonopol*); natural;
el precio de monopolio (*Monopolpreis*);
monopolístico: el acuerdo monopolístico (*Monopolabkommen*); la empresa monopolística; la industria monopolística; la posición monopolística (*Monopolstellung*);

oligopolio (n.m.)
fam.: oligopolístico (adj.); oligopolista (adj.); oligopsonio (n.m., *Oligopson*);
con.: oligopolio de demanda; oligopolio de oferta.

PRODUCTO INTERIOR BRUTO (PIB), PRODUCTO NACIONAL BRUTO (PNB) Y RENTA NACIONAL

Bruttoinlandsprodukt (BIP), Bruttosozialprodukt (BSP) und Volkseinkommen

El producto interior bruto es una medida de la **capacidad productiva** de un área geográfica determinada (normalmente un país) en un periodo determinado (normalmente un año).

Leistungsfähigkeit

Indica el valor de la producción total de aquellos **bienes** y **servicios** que no entran otra vez en el proceso productivo en el área considerada (**bienes** y servicios **finales**).

Waren; Dienstleistungen Finalgüter

No se toman en consideración los **bienes intermedios** para evitar que el valor de un producto se registre dos o más veces. Así, por ejemplo, el valor de los distintos componentes electrónicos (bienes intermedios) está contenido en el valor total de un ordenador (bien final) y, por lo tanto, no entra en el cálculo del PIB.

Zwischenprodukte

Otra fórmula de cálculo del PIB suma al precio de las **materias primas** el **valor añadido** en cada fase del proceso de producción hasta conseguir el bien final.

Rohstoffe; Wertzuwachs

Como hemos dicho, el PIB registra lo que se produce dentro de las fronteras políticas de un área, a diferencia del producto nacional bruto (PNB), cuyo criterio básico es la nacionalidad de la empresa. De esta manera el PIB de un país registra también lo que producen las empresas extranjeras ubicadas en este país, pero no tiene en cuenta la producción de las empresas nacionales en el extranjero.

Existen dos formas de calcular el PIB o el PNB: la primera, y más frecuente, **a precios de mercado**, es decir, sumando simplemente los precios que hay que pagar por los productos, y la segunda **al coste de los factores**, deduciendo del primero los **impuestos indirectos** y añadiendo las **subvenciones**.

zu Marktpreisen

zu Faktorkosten
indirekte Steuern
Subventionen
Abschreibungen

Si además se toman en consideración **las amortizaciones**, es decir, la pérdida de valor que sufren los **bienes de capital** (por ejemplo las

Kapitalgüter

máquinas) utilizados en la producción, se llega al **producto interior** o al **producto nacional neto**. El producto nacional neto al coste de los factores equivale a su vez a la **totalidad de los ingresos** que reciben los habitantes de un país, es decir, a la renta nacional. El cálculo de la renta nacional no se realiza desde el punto de vista de la producción, sino desde los **ingresos** de todos los residentes en esa nación.

Nettoinlands-/-sozialprodukt
Gesamtheit der Einkünfte

Einkommen

Los indicadores enumerados, especialmente en su forma **per cápita** (total dividido por el número de habitantes), se utilizan generalmente como indicadores del **bienestar** de un país. Sin embargo, no hay que olvidar que no toman en consideración ni las actividades de la **economía sumergida** ni los efectos negativos de la actividad productiva, como por ejemplo la **contaminación del medio ambiente**, ni valores como justicia, solidaridad, libertad ciudadana etc. [J.S.]

pro Kopf

Wohlstand

Schattenwirtschaft

Umweltverschmutzung

Producto Interior Bruto (PIB) (n.m.)
sin.: Producto Interno Bruto (sobre todo en Latinoamérica); Producto Bruto Interno=PBI (Argentina, Perú, Uruguay); Producto Geográfico Bruto=PGB (Chile);

Producto Nacional Bruto (PNB) (n.m.)
sin.: Producto Bruto Nacional (Argentina, Perú, Uruguay).

LA COYUNTURA Y EL CRECIMIENTO ECONÓMICO

Konjunktur und Wirtschaftswachstum

Muchas veces escuchamos que la mala coyuntura económica internacional es la responsable de los males que sufre un país. De esta manera se intenta justificar la mala situación de la economía de un país por la influencia de factores no controlables por el Gobierno. Por otra parte, con estas afirmaciones se quiere ofrecer la imagen de que los problemas son momentáneos y que tarde o temprano desaparecerán. En el fondo el significado del término "coyuntura" hace referencia a la situación económica en un momento determinado. Por el contrario, cuando se habla de "problemas estructurales" de la economía se hace referencia a las dificultades de carácter permanente y difícilmente modificables.

Cuando se presenta un análisis sobre la situación de un país en un momento dado, lo que se quiere conseguir es determinar la posición de este país respecto a situaciones anteriores y respecto a otros países. De esta manera se facilitan las comparaciones, se revisan las previsiones y se sacan nuevas conclusiones. Para ello los analistas utilizan toda una serie de indicadores que abarcan tanto el **producto interior bruto** (PIB), la **tasa de paro** y el **índice de los precios al consumo**, como por ej. el **consumo de cemento** o la **matriculación de coches**.

Bruttoinlandsprodukt; Arbeitslosenrate; Verbraucherpreisindex; Zementverbrauch; Kfz-Neuzulassungen

Normalmente, se espera que estos análisis muestren una evolución positiva de la actividad económica. Esto quiere decir, que la situación coyuntural se considera buena si los indicadores confirman el crecimiento económico o si pueden interpretarse como señales de una **recuperación**. En este segundo caso se dice que se está cambiando de fase en el **ciclo económico**, puesto que muchos economistas sostienen que en la marcha de la economía siempre hay momentos de **auge** y momentos de **depresión** que en su conjunto forman un ciclo que va repitiéndose.

Erholung

Wirtschaftszyklus

Aufschwung; Depression

Si bien los análisis de coyuntura observan, como hemos dicho, el comportamiento de muchas variables económicas, por crecimiento económico se entiende normalmente un aumento del producto interior bruto, es decir, de la producción de bienes y servicios. En países con una industrialización deficiente, como eran después de la Segunda Guerra Mundial los países europeos y hoy en día son los **países del Tercer Mundo**, un incremento del PIB efectivamente equivale a una mejora del **bienestar** de la población. En los **países desarrollados**, sin embargo, se critica cada vez más la valoración de la situación económica únicamente en función del crecimiento de la producción. El desarrollo, entendido como mejora de la **calidad de vida**, no siempre se consigue mediante una mayor actividad del **aparato productivo**. Así, parece absurdo suponer que el bienestar de la gente mejora mediante incrementos en la producción de por ej. papel, cemento o bombas atómicas. Además, el concepto de crecimiento económico sólo contempla el resultado de la producción y no toma en consideración que muchas veces el proceso productivo conlleva o incluso se debe a destrucciones que tarde o temprano hay que reparar. Dos buenos ejemplos en este contexto serían la destrucción del **medio ambiente** o cualquier accidente de tráfico; ambos implican poner en marcha mecanismos que aumentan el producto interior bruto (servicios sanitarios, mecánicos, etc.) pero que en realidad no significan una mejora de la situación económica de la población.

Por tanto, a menudo se afirma que estos análisis deben complementarse con la introducción de otros indicadores que tengan en consideración factores como el ocio, la salud o la seguridad de la población. [J.M./J.S.]

Länder der Dritten Welt

Wohlstand
entwickelte Länder

Lebensqualität

Produktionsapparat

Umwelt

LOS INGRESOS Y LA RENTA

Por ingreso y renta se entiende cualquier **remuneración** percibida por los **agentes económicos**. Esta remuneración normalmente es consecuencia de alguna contribución a la **producción de bienes y servicios**, sin embargo, existen remuneraciones que provienen de **transferencias realizadas por el Estado (subvenciones, becas, subsidios**, etc.).
Respecto a las primeras podemos clasificar los ingresos según el **perceptor** que los recibe.

El Estado tiene los **tributos** como principal **fuente de ingresos** (en primer lugar los **impuestos**).

Las **empresas** ingresan el importe de sus **ventas** (**la cifra de negocios**). De esta suma hay que deducir los distintos **costes en los que incurre la empresa** por su actividad productiva para obtener el **beneficio** o las **ganancias**. Este beneficio se reparte entre los **socios** dando lugar a las **rentas de capital** (por ej. **dividendos**).

Los **trabajadores por cuenta ajena** ingresan o **sueldos** (en el caso de los **empleados**) o **salarios** (en el caso de los **obreros**), aunque hoy en día los dos términos se usan muchas veces como sinónimos.
A final de mes la empresa entrega al trabajador la **hoja salarial** donde aparecen:
- el importe del **sueldo base**,
- los **pluses del convenio**,
- los pluses voluntarios de la empresa,
- las **primas (incentivos sobre la productividad**),
- las **comisiones** (un porcentaje sobre los resultados del trabajo),
- las **pagas extraordinarias** (normalmente dos pagas dobles al año),
- las **dietas (compensaciones por** algunos **gastos** del trabajador) y

Einkünfte und Einkommen
Entlohnung
Wirtschaftssubjekte

Produktion von Gütern und Dienstleistungen
staatliche Transferzahlungen; Subventionen
Stipendien; Beihilfen

Bezieher

Abgaben; Einnahmequelle; Steuern

Unternehmen; Verkäufe
Umsatzertrag
Kosten, die das Unternehmen zu tragen hat
Gewinn
Gesellschafter
Kapitalerträge; Dividenden

unselbst. Beschäftigte
Gehälter; Angestellte;
Löhne; Arbeiter

Lohnstreifen;
Grundgehalt
kollektivvertraglich vereinbarte Zuschläge
Prämien; Produktivitätszulagen
Provisionen

Sonderzahlungen;

Diäten; Aufwandsentschädigungen

- las **liquidaciones de viajes**. Esta hoja salarial recibe comúnmente el nombre de **nómina** (término que se usa a veces en el sentido de salario).

En el **sector agrario** o en la **construcción** aún pueden encontrarse salarios que se pagan diariamente por lo que se denominan **jornales**. Los **trabajadores por cuenta propia** y especialmente las **profesiones liberales** ingresan **honorarios** por los trabajos prestados.

Si los trabajadores no consumen todos sus ingresos también tienen la posibilidad de obtener rentas procedentes de la **colocación de sus ahorros**. Estas tienen normalmente la forma de **intereses** (para el **capital mobiliario**) o **alquileres** (para el **capital inmobiliario**). [J.M./J.S.]

Reisekostenabrechnung

eigentl.: Lohnliste des Betriebs

Landwirtschaft; Bauwesen
Tagelöhne
selbständig Beschäftigte
freie Berufe; Honorare

Anlage von Erspartem

Zinsen; Geldkapital
Miete/Pacht; Sachkapital

---

renta (n.f.)
sin.: ingresos (n.m.)
fam.: rentar (v., *Gewinn abwerfen*); rentabilidad (n.f., *Rentabilität*); rentable (adj., *rentabel*); rentista (n.m., *Rentier*);
con.: cobrar=recibir=percibir=obtener una renta (*beziehen*); dar una buena renta (*sich lohnen*); vivir de sus rentas (*von den Zinsen seines Vermögens leben*);
renta anual (*Jahreseinkommen*); media (*Durchschnittseinkommen*); fija (*festes Einkommen*); nacional (*Volkseinkommen*); per cápita (*Pro-Kopf-Einkommen*); del trabajo (*Arbeitseinkommen*); vitalicia (*Leibrente*); de inversión (*Einkommen aus Vermögensanlage*); de valores (*Rendite*);
el impuesto sobre la renta de las personas físicas, IRPF (*Einkommenssteuer*); renta imponible (*steuerpflichtiges Einkommen*); neta (*Nettoeinkommen*); nivel de la renta (*Einkommenshöhe*);
rentas públicas=del Estado=del fisco (*Staatseinkommen*);
los títulos=los valores de renta fija/de renta variable (*Wertpapiere* mit *festem/variablen Ertrag*).

LA DISTRIBUCIÓN DE LA RENTA, EL NIVEL Y LA CALIDAD DE VIDA

La **renta nacional per cápita** suele ser la medida más utilizada cuando se efectúan comparaciones respecto al nivel de riqueza de los habitantes de distintos países. A la cabeza de la riqueza mundial se encuentran países como Kuwait o los Emiratos Árabes Unidos. ¿Quiere esto decir que es en estos países donde mejor se vive? Aunque la renta per cápita de estos países sea muy elevada, es un hecho conocido que unas pocas familias concentran gran parte de la riqueza, mientras que una buena parte de la población (sobre todo los inmigrantes) viven en condiciones bastante míseras.

Surge así el problema de la distribución social de la renta. Esta distribución es sumamente desigual en la mayoría de los países pobres y también en algunos ricos como los antes mencionados o en los mismos Estados Unidos. Incluso en países europeos, como España, se da el caso de que el 3% de los **perceptores de renta** concentran el 25% de ésta.

Parecidas diferencias se encuentran a nivel regional; en la misma España, la renta regional per cápita de la región más rica (Baleares) es casi el doble de la más pobre (Extremadura).

Sin embargo, ello no significa automáticamente que en una región o país se viva el doble de bien que en otro sólo porque la renta sea el doble.

En primer lugar aparecen mecanismos correctores por la **redistribución del Estado** a través del **gasto público** (que **invierte** en la enseñanza, las infraestructuras o mediante la **Seguridad Social**, etc.) y también de los organismos internacionales (por ej. la **Unión Europea** con sus **fondos de cohesión**). A estos niveles puede ser muy interesante considerar en lugar de la renta per cápita, la **renta familiar** disponible per cápita. Ésta procede de la renta per cápita de la que se deducen los **impuestos directos** pagados, y se le añaden

Einkommensverteilung, Lebensstandard und -qualität
Pro-Kopf-Einkommen

Einkommensbezieher

staatliche Umverteilung
öffentliche Ausgaben; investieren; Sozialversicherung
Europäische Union
Kohäsionsfonds

Haushaltseinkommen

direkte Steuern

las **prestaciones sociales** recibidas de las **administraciones públicas.** Sobre todo en países con un desarrollado sistema social, como son los de Europa Occidental, los mecanismos de compensación a nivel social favorecen a las clases más pobres y a nivel regional a las zonas más atrasadas. Es difícil que estos mecanismos lleven a una igualación completa del nivel de renta de las clases sociales, regiones o países, pero al menos contribuyen a que no aumenten las diferencias o incluso se reduzcan ligeramente.

El segundo mecanismo corrector es el **nivel de precios,** éste suele ser bastante más bajo en las zonas pobres que en las ricas.

Como vemos, necesitamos conocer los mecanismos de redistribución y los niveles de precios en cada zona para poder establecer el nivel de vida o **poder adquisitivo** de las **familias** en cada región o clase social.

Más difícil aún sería poder establecer diferencias respecto a la calidad de vida, pues ésta depende en buena medida de consideraciones distintas a la renta monetaria, como son la ausencia de **contaminación**, ruidos o delincuencia, existencia de buenas relaciones sociales humanas etc. Aunque muchos de estos parámetros no son fácilmente cuantificables, se podría afirmar que no siempre se vive mejor en una zona más rica que en una pobre y que no siempre las mejoras en el nivel material de vida van unidas a mejoras en la calidad de vida. [C.R.]

Sozialleistungen
öffentliche Verwaltung

Preisniveau

Kaufkraft; Haushalte

Verschmutzung

<u>nivel (n.m.) de vida</u>
sin.: estándar (n.m.) de vida; nivel de bienestar económico;
con.: el nivel de vida mejora/empeora; sube/baja; es alto/bajo.

LOS PAÍSES INDUSTRIALIZADOS, LOS PAÍSES EMERGENTES Y LOS PAÍSES EN VÍAS DE DESARROLLO

Industrie-, Schwellen- und Entwicklungsländer

En economía se utilizan estos tres términos básicos para definir el **estado de desarrollo** económico de los diversos países.

Entwicklungsstand

El primero de ellos, país industrializado, es sinónimo de país rico o desarrollado, es por ej. el caso de todos los países de la **OCDE (Organización de Cooperación y Desarrollo Económico)**. El concepto de país industrializado no implica necesariamente que estos países tengan mucha industria; de hecho, ésta puede tener mucha más importancia en el **producto interior bruto (PIB)** o en la **población activa** de un país menos desarrollado, por ej. en Rumanía o Taiwan, que en Alemania o Estados Unidos.

OECD (Organisation für wirtschaftliche Zusammenarbeit und Entwicklung)

Bruttoinlandsprodukt; BIP Erwerbsbevölkerung

Los países industrializados se caracterizan por poseer **sectores primarios y secundarios** muy **intensivos en capital**, con gran productividad y alto grado de especialización. Los **servicios** son, sin embargo, el sector más notable en la economía de estos países. Se trata por lo general de servicios especializados, tanto privados como públicos (financieros, transporte, sanitarios, etc). Una característica importante de la mayoría de estos países (sobre todo europeos) es la existencia de un **sistema** muy desarrollado **de protección social** basado en la intervención estatal (**Estado de bienestar**).

Primär- und Sekundärsektor; kapitalintensiv
Dienstleistungen

Sozialschutzsystem

Wohlfahrtsstaat

El segundo término, países emergentes (o nuevos países industrializados), se refiere a los que se encuentran en un nivel intermedio de desarrollo. Lo que caracteriza a estos países es una industria bastante desarrollada, aunque no siempre muy moderna, y sumamente **intensiva en mano de obra**. Los **sectores** primario y **terciario** pueden ser importantes, aunque suelen estar bastante atrasados. Estas economías se orientan actualmente hacia la **exportación**, aprovechando los bajos **costes de la mano de obra**. Algunos

arbeitskräfteintensiv
Tertiärsektor

Export
Arbeitskosten

de estos países se hallan en la actualidad en una fuerte crisis (por ej. la mayoría de los ex-comunistas o algunos latinoamericanos), otros, sin embargo, disfrutan de una fase de gran expansión (por ej. los del Extremo Oriente).
Por último, encontramos los países en vías de desarrollo, también llamados **subdesarrollados**   unterentwickelt
o del **Tercer Mundo**. Estos países mantienen   Dritte Welt
una dependencia muy fuerte del sector primario. A menudo sus exportaciones dependen de una o dos **materias primas**, mientras que importan   Rohstoffe
productos elaborados. La industria suele ser   verarbeitete Produkte
poco importante y en los servicios se desarrollan constantemente actividades poco o nada productivas (servicios personales, **comercio ambu-**   Straßenhandel
lante etc.). Por lo general poseen una enorme
deuda externa y una gran dependencia de los   Auslandsverschuldung
países desarrollados y de los organismos financieros internacionales. Ésta es la situación de la mayoría de los países de África, Asia o algunos de América Latina. Las posibilidades de mejora para estos países son más bien remotas. [C.R.]

desarrollo (n.m.)
fam.: desarrollar(se) (v.); subdesarrollo (n.m.); desarrollismo (n.m.);
con.: desarrollo económico; industrial; tecnológico;
    países desarrollados; países en (vías de) desarrollo=subdesarrollados;
    ayudas al desarrollo; programas/política de desarrollo;
    tasa de desarrollo; nivel avanzado/intermedio/bajo de desarrollo;

deuda (n.f.)
fam.: endeudar(se) (v., (sich)verschulden); adeudar (v., schulden); deudor (n.m.); endeudamiento (n.m., Verschuldung); (estar) endeudado (adj.);
con.: contraer una deuda (Schulden machen); tener muchas=estar cargado de deudas (hohe Schulden haben); pagar=amortizar las deudas; perdonar=condonar una deuda (Schuld erlassen);
    deuda pública=deuda del Estado (Staatsverschuldung); deuda exterior=externa;
    la amortización de la deuda (Schuldentilgung); los intereses de la deuda (Schuldenzinsen); el servicio de la deuda (Schuldendienst); la condonación/el perdón de la deuda.

LA INFLACIÓN

Inflation

La inflación es el **aumento** permanente **de los precios**, mientras que **la tasa de inflación** es un porcentaje que expresa las variaciones de los precios en un periodo determinado. Lo contrario de inflación, es decir, la disminución de los precios, se llama **deflación**. La deflación no es en la actualidad un fenómeno corriente; en cualquier país se puede ver que el nivel de precios aumenta en mayor o menor medida, pero no disminuye.

Preisanstieg
Inflationsrate

Deflation

La inflación se puede entender de la siguiente manera: alguno de los **agentes económicos** (**familias**, **empresarios**, Estado o **sector exterior**) trata de mejorar su situación económica; por ej. puede aumentar el consumo de las familias (sin que aumente la oferta), o las empresas suben los precios de sus productos, o el Estado financia sus actividades **emitiendo más dinero**, o el sector exterior aumenta sus compras para poder producir más e incrementar así el **volumen de exportación**. En todos estos casos, el resultado lleva a una pérdida del valor del dinero. Una consecuencia de estos cambios en los precios puede ser la llamada **espiral inflacionista precios-salarios**; para defender su **capacidad adquisitiva** los trabajadores exigen **subidas salariales** que aumentan los costes de producción y, por consiguiente, los precios. Si, además, estas subidas salariales exceden los aumentos en los precios, sube el **poder de compra** de los trabajadores. Ello conduce a un mayor consumo y, de ahí, a nuevos aumentos de precios y a la pérdida de **cuotas de mercado** en favor de **productores** extranjeros (aumentan las **importaciones**).

Wirtschaftssubjekte
Haushalte; Unternehmer;
Außenhandelssektor

mehr Geld in Umlauf bringen
Exportvolumen

Lohn-Preis-Spirale
Kaufkraft
Lohnerhöhungen

Kaufkraft

Marktanteile
Produzenten; Importe

Todo ello puede tener graves consecuencias sobre el ahorro (provocando **huidas de capitales**) y sobre el **tipo de cambio** (provocando la **depreciación de la moneda**) si no se imponen

Kapitalflucht
Wechselkurs
Entwertung der Währung

políticas de control de la inflación, por ej. a través de una reducción del **gasto público** o de la **moderación salarial**.

Mientras que la inflación en España y en otros países industrializados es bastante moderada (normalmente menor del 10% anual), la espiral inflacionista lleva a muchos otros países a las llamadas **hiperinflaciones o inflaciones galopantes**.
Éstas son muy negativas sobre todo para los sectores sociales que dependen de **ingresos fijos** y tienen poca capacidad de presión, como los **jubilados, parados**, etc. [C.R.]

Ausgaben der öffentl. Hand; Mäßigung in den Lohnforderungen

Hyperinflation oder galoppierende Inflation

fixe Einkommen

Pensionisten; Arbeitslose

inflación (n.f.)
fam.: hiperinflación (n.f.); inflacionista (adj.), inflacionario (adj.); deflación (n.f.), estanflación (n.f., *Stagflation*);
con.: contener=controlar=combatir=frenar=desacelerar/provocar la inflación;
la inflación aumenta/disminuye;
inflación reptante=latente (*schleichende Inflation*); galopante; subyacente; importada;
la tasa de inflación;
inflacionista: la espiral inflacionista; la tendencia inflacionista=inflacionaria;

capacidad (n.f.) adquisitiva
sin.: capacidad (n.f.) de compra; poder (n.m.) adquisitivo; poder (n.m.) de compra
con.: asegurar=mantener la capacidad adquisitiva; mejorar/empeorar la capacidad adquisitiva;
la pérdida/el aumento de la capacidad adquisitiva; la falta/el exceso de capacidad adquisitiva.

EL ÍNDICE DE PRECIOS AL CONSUMO (IPC)

Verbraucherpreisindex

Cuando hablamos de **tasa de inflación** nos referimos al **crecimiento de los precios** en un periodo determinado. Esto está claro para cualquiera, pero ¿cómo podemos conocer esta tasa? Todos sabemos que en el mercado existen miles de **productos** y de **servicios** cuyos precios aumentan en un periodo. Además, el mismo producto o servicio alcanza **subidas de precios** muy distintas según zonas geográficas o incluso en tiendas distintas.
Esto hace que la tasa de inflación real sea imposible de calcular. Para conocerla aproximadamente podemos utilizar un índice. El que se usa en España es el índice de precios al consumo, muy similar al usado en los demás países de la **Unión Europea**.
Para calcular el IPC se escoge una **muestra representativa** de **hogares** españoles de todos los tamaños e **ingresos** posibles, situados en numerosos municipios de todo el país.
A continuación se establece una **cesta de la compra**, formada en la actualidad por unos 500 productos y servicios. Cada grupo de productos o servicios tiene una **ponderación** especial según su mayor o menor importancia. Así por ej., los **gastos** de alimentación representan el 30% del IPC o los de **vivienda** el 10% (ver gráfico en la página siguiente).
En España se utiliza cada vez más el concepto de **inflación subyacente** por el que se excluyen del IPC los productos más expuestos a subidas bruscas de los precios, es decir, los **alimentos perecederos** (por ej. frutas) y los productos energéticos (por ej. **derivados del petróleo**).
A nivel temporal se calculan las variaciones del IPC tanto de forma mensual como anual respecto al mismo periodo del año anterior, mientras que a nivel geográfico se estudian los cambios nacionales, regionales y provinciales.

Inflationsrate
Preissteigerung

Waren; Dienstleistungen

Preissteigerungen

Europäische Union
repräsentative Stichprobe; Haushalte
Einkommen

Warenkorb

Gewichtung

Ausgaben
Wohnung

Basisinflation

verderbliche Nahrungsmittel
Erdölprodukte

El IPC sólo mide el aumento nominal de los precios. Sin embargo, se utiliza para conocer las variaciones reales de **magnitudes** como el **poder adquisitivo** o el **producto interior bruto**. Para ello es necesario deducir la tasa de inflación de los niveles nominales de estas magnitudes. [C.R.]

Größen
Kaufkraft; Bruttoinlandsprodukt

<u>precio</u> (n.m.)
fam.: apreciar (v., *schätzen*); apreciarse (v., *im Wert steigen*); despreciar (v., *verachten*); depreciarse (v., *entwertet werden*);
con: los precios suben=aumentan=crecen/se mantienen=se estabilizan/bajan=disminuyen=decrecen=se reducen=caen;
se negocian; se rebajan; se ajustan; se fijan;
precio alto/bajo; precio máximo/mínimo; precio neto; precio recomendado (*empfohlener Preis*); precio de venta al público=P.V.P. (*Ladenpreis*); precio franco fábrica=P.F.F. (*Fabrikspreis*); precio de coste (*Selbstkostenpreis*);
la lista de precios.

La composición del IPC

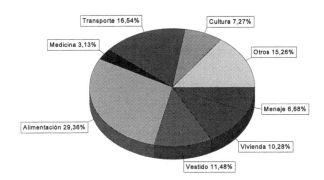

LA DISTRIBUCIÓN Y EL COMERCIO

La distribución es, junto con la **producción** y el **consumo** de **bienes económicos**, el tercer elemento clave en la vida económica. Tiene la función de **intermediario** porque si nadie realizara actividades de distribución, los productos sólo podrían **consumirse** en su **lugar de producción**. Este sistema puede funcionar en el caso de pequeñas sociedades **autosuficientes** pero es incapaz de **satisfacer las necesidades y los deseos** de las sociedades modernas.

El **sector económico** que se encarga de realizar esta función de distribución es el comercio. La actividad comercial consiste básicamente en comprar los productos de los **fabricantes** (o de otros **comerciantes**) y venderlos después a los **consumidores** (u otros comerciantes). No hay que olvidar que este proceso de **reparto** incluye actividades de **transporte**, de **almacenaje**, de **acondicionamiento** y **conservación** que hacen que los productos lleguen a los consumidores cuando éstos desean consumirlos y en la **cantidad** y **calidad** deseadas.

Según los elementos que intervienen en la distribución de los productos se distingue entre distintos **canales de distribución**:

Si el fabricante de un producto lo vende directamente al consumidor se habla de **venta directa**. Un ejemplo típico serían los **mercados** en los que los agricultores venden sus productos.

Si en este proceso interviene un comerciante que compra del fabricante y vende al consumidor, éste recibe el nombre de **minorista** y se habla de un **canal de distribución corto**.

El **canal de distribución largo** incluye los mismos elementos que el anterior, pero entre el fabricante y el minorista interviene otro comerciante, el **mayorista**. La diferencia entre **comercio al por mayor** y **al por menor** consiste entonces en que el minorista vende al **consumidor**

Absatz und Handel

Produktion
Konsum; Wirtschaftsgüter
Vermittler

konsumiert werden; Entstehungsort
autark
die Bedürfnisse und Wünsche befriedigen
Wirtschaftssektor

Produzenten
Händler
Konsumenten
Verteilung
Transport; Lagerung
Aufbereitung; Konservierung
Menge
Qualität

Absatzwege

Direktvertrieb
Märkte

Einzelhändler
kurzer Absatzweg
langer Absatzweg

Großhändler; Groß-, Kleinhandel
Endverbraucher

final y el mayorista a otro comerciante (al minorista o a otro mayorista). Otra posibilidad de distribuir un producto sería mediante un **agente comercial** que trabajando **por cuenta propia** (no como un **representante**, que es un **empleado** de una empresa) vende productos sin haberlos comprado anteriormente, por lo que suele **cobrar una comisión sobre el valor de la venta**. Respecto al comercio al por menor habría que hacer una precisión: Tradicionalmente este tipo de comercio se relaciona con **establecimientos comerciales** de pequeña dimensión como las **tiendas** tradicionales o los **establecimientos detallistas** de los **centros comerciales**. En lo que se refiere a los **super** e **hipermercados** y los **grandes almacenes**, éstos suelen considerarse como organizaciones comerciales que compran en grandes cantidades a los productores y venden a los **consumidores finales**. [J.S.]

Handelsvertreter
auf eigene Rechnung;
Vertreter; Angestellter

eine Provision auf den
Verkaufswert kassieren

Geschäftsniederlassungen
Geschäfte;Einzelhandelsniederlassungen ; Einkaufszentren; Super-, Großkaufmärkte; Warenhäuser

Endverbraucher

distribución (n.f.)
fam.: distribuir (v., *verteilen*); distribuidor (n.m., *Verteiler*); distribuidora (n.f., *Vertriebsagentur*); distribuible (adj.); distribuido (adj.); redistribución (n.f., *Umverteilung*);
con.: distribución de mercancías (*Warenvertrieb*); de la renta (*Einkommensverteilung*); el centro de d. (*Verteilerstelle*); los canales=medios de d. (*Vertriebswege*); el derecho de d. exclusiva (*alleiniges Vertriebsrecht*); los gastos de d. (*Vertriebskosten*); la red de d. (*Verteilernetz*); la zona de d. (*Vertriebsgebiet*);
distribuidor: exclusivo=único (*Alleinvertriebshändler*); oficial (*Vertragshändler*);

comercio (n.m.)
fam.: comerciar (v.); comerciante (n.m.); comercial (adj.); comerciable (adj., *verkäuflich*); comerciabilidad (n.f., *Marktfähigkeit*); comercializar (v., *vermarkten*); comercialización (n.f.);
con.: fomentar=facilitar=estimular/dificultar=penalizar el comercio; comercio ambulante (*Straßenhandel*); comercio mayorista=al por mayor (*Großhandel*)/al por menor=al detalle=detallista (*Einzelhandel*); de trueque (*Tauschhandel*); comercio exterio/interior; comercio internacional;
la zona de libre c. (*Freihandelszone*); la cámara de c. (*Handelskammer*); el margen del c. (*Handelsspanne*);
comercial: el agregado c. (*Handelsattaché*); la delegación c.; las relaciones c.; la balanza c. (*Handelsbilanz*); las barreras c. (*Handelsschranken*); el horario c. (*Geschäftszeit*); el año c. (*Geschäftsjahr*); la licencia c. (*Handelskonzession*).

EL LIBRECAMBIO Y EL PROTECCIONISMO

En el comercio internacional existen básicamente dos tendencias, la primera es la **librecambista**, partidaria de **intercambios comerciales** internacionales sin restricciones, y la segunda la **proteccionista**, que desea un mayor o menor grado de protección de los productos nacionales frente a los extranjeros.

El **librecambismo** es típico, o bien de países muy desarrollados, que desean exportar **a precios competitivos** productos o servicios muy especializados (como es el caso de Estados Unidos o Japón), o de **países emergentes**, con políticas de exportación industrial muy agresivas. Los países con industrias aún no muy establecidas, muy sensibles ante la **competencia** internacional, o con industrias desarrolladas, pero con elevados costes de la **mano de obra** (como es el caso de los países de la **Unión Europea**) suelen inclinarse hacia el proteccionismo.

Un país proteccionista puede utilizar una serie de **barreras comerciales** contra otros países; las más importantes son los **aranceles (impuestos a la importación que gravan monetariamente la entrada de productos extranjeros**) y los **contingentes**, que fijan la cantidad de productos que se puede importar en un periodo determinado. Otras **trabas** son los **tipos de cambio** no reales (una estrategia típica de las dictaduras que consiste en sobrevalorar la **moneda** nacional respecto a otras **divisas**) y las barreras administrativas, como por ej. los **permisos a la importación** (que sólo pueden obtener personas o empresas muy concretas) o el establecimiento de numerosas normas para los productos y severos **controles en aduana**.

A menudo el trato con los demás países es muy diferenciado, así por ej. los países de la **UE** entre sí no tienen ningún obstáculo comercial, pero sí ante **terceros países**. Incluso con éstos hay

Freihandel und Protektionismus

Freihandels-
Warenaustausch

protektionistisch

Freihandelspolitik
zu konkurrenzfähigen
Preisen

Schwellenländer

Konkurrenz

Arbeitskräfte
Europäische Union

Handelshemmnisse
Zölle; Einfuhrsteuern, die auf die Einfuhr ausländischer Produkte erhoben werden; Kontingente
Hindernisse; Wechselkurse
Währung
Devisen
Einfuhrgenehmigungen

Zollkontrollen

EU

Drittländer

algunos que se benefician de la **cláusula de nación más favorecida**, en cuyo caso las restricciones son menores que las que sufren los demás países extranjeros. La **Organización Mundial del Comercio (OMC)**, la institución permanente que sustituye a las **rondas de negociación** del **GATT (Acuerdo General sobre Aranceles Aduaneros y Comercio)**, es el organismo internacional que regula las relaciones comerciales internacionales. Las **vulneraciones** al reglamento, por ej. barreras excesivas, exportaciones **a precio de dumping**, o excesivamente subvencionadas por el Estado, pueden dar lugar a sanciones internacionales. En algunos casos se puede llegar a la suspensión total de las relaciones comerciales, e incluso al **bloqueo económico**. En este último caso, sin embargo, las motivaciones suelen ser más bien políticas que económicas. [C.R.]

Meistbegünstigungsklausel

Welthandelsorganisation (WTO)
Verhandlungsrunden;
GATT (Allgemeines Zoll- und Handelsabkommen)

Verletzungen
zu Dumpingpreisen

Wirtschaftsembargo

librecambio (n.m.) - proteccionismo (n.m.)
sin.: libre comercio;
fam.: librecambismo (n.m.); librecambista (n.m., adj.); - proteger (v.); protección (n.f.); proteccionista (n.m., adj.);
con.: librecambista: política librecambista; - proteccionista: política proteccionista;

exportación (n.f.) - importación (n.f.)
fam.: exportar - importar; exportador - importador (n.m., adj.);
con.: exportar a/importar de un país; exportación/importación de una mercancía; exportador/importador: los países exportadores/importadores de un producto;

arancel (n.m.)
sin.: arancel aduanero, tarifa aduanera, tarifa arancelaria, derecho aduanero, impuesto aduanero, impuesto arancelario, derecho arancelario;
fam.: arancelario (adj.);
con.: introducir=fijar un arancel sobre=a un producto; gravar un producto con un arancel; bajar=reducir un arancel; aumentar=subir un arancel;

aduana (n.f.)
fam.: aduanero (n.m., *Zöllner;* adj.);
con.: declarar una mercancía en la aduana; la inspección=el control de/en aduana; aduanero: la unión aduanera; el derecho aduanero.

LA BALANZA DE PAGOS

Zahlungsbilanz

La balanza de pagos de un país registra todas las transacciones que éste realiza con el extranjero en un periodo determinado de tiempo, normalmente un año. La balanza de pagos se compone principalmente de cuatro **subbalanzas** (a menudo llamadas también balanzas) que registran los distintos tipos de transacciones internacionales que un país puede llevar a cabo.

Teilbilanzen

La primera de las subbalanzas es la ya mencionada **balanza comercial** o **de mercancías** que registra todas las transacciones de bienes o **productos tangibles** que realiza un país con el extranjero.

Handels-; Warenbilanz

materielle Güter

La segunda sub**balanza** es la **de servicios**. El **turismo** es por ej. en el caso de España el principal apartado dentro de esta subbalanza, pero no el único, pues también aparecen las **rentas de inversión** (**beneficios, intereses** y **dividendos** en el extranjero), los **fletes** y **seguros**, las **operaciones gubernamentales** (gastos diplomáticos, etc.) y otros servicios como **patentes, comisiones bancarias**, etc.

Dienstleistungsbilanz
Tourismus

Investitionserträge; Gewinne; Zinsen; Dividenden; Frachtgebühren; Versicherungen; Regierungstransaktionen; Patente; Bankprovisionen;

La tercera de las sub**balanza**s es la **de transferencias**. A diferencia de todas las anteriores se trata de **operaciones unilaterales** o **gratuitas**, contra las que no hay que realizar ninguna **contraprestación**. Éste es el caso de las **transferencias públicas** (por ej. ayudas internacionales a países que sufren catástrofes o problemas de hambre, o también los **fondos de cohesión** de la **Unión Europea** para los países más pobres) o de las transferencias privadas (por ej. ayudas de **mecenas** o, lo que es aún más común, las llamadas **remesas de emigrantes**, o sea, el dinero que mandan los emigrantes a su

Übertragungsbilanz

einseitige, unentgeltliche Transaktionen
Gegenleistung
staatliche Transferzahlungen
Kohäsionsfonds
Europäische Union

Sponsoren
Überweisungen der Gastarbeiter

propio país **para sustento familiar** o para otros fines).

für den Unterhalt der Familien

La cuarta y última de las sub**balanza**s es la **por cuenta de capital** o **balanza de capitales**, tanto privados como públicos.
Esta balanza recoge todos los **flujos financieros** que se deben a **inversiones** o a la **concesión de créditos**.
Aquí también entran las **variaciones de divisas** del **banco central** en el periodo.

Kapitalbilanz

Kapitalströme
Investitionen; Gewährung von Krediten
Veränderung der Währungsreserven; Zentralbank

Cada una de las subbalanzas puede tener un resultado o **saldo positivo** o **negativo**. Así, por ej. en el caso de la balanza comercial, cuando las **exportaciones** de productos son mayores que las **importaciones**, se habla de saldo positivo o **superávit**. En el caso contrario, es decir, cuando el saldo es negativo, se habla de déficit.

positives, negatives Ergebnis
Exporte
Importe
Überschuß

La balanza de pagos en su conjunto siempre está equilibrada. Un déficit en una subbalanza puede ser compensado por un superávit en otra u otras (por ejemplo un déficit en la balanza comercial puede compensarse con un superávit en la de servicios). Normalmente, como los saldos de las distintas subbalanzas nunca llegan a compensarse, el equilibrio final en la balanza de pagos se consigue mediante la variación de las reservas de divisas del banco central.
La suma de las cuatro subbalanzas todavía no nos da la balanza de pagos, pues a ellas hay que añadir posibles **errores y omisiones**.

statistische Differenz

A la hora de realizar comparaciones internacionales se suele utilizar, no tanto la balanza de pagos, sino algunas subbalanzas, como la comercial o la de servicios, pero todavía más la denominada **balanza por cuenta corriente**, que es una suma de los saldos de las subbalanzas de mercancías, de servicios y de transferencias. [C.R.]

Leistungsbilanz

LOS TRIBUTOS

Los tributos son pagos realizados por los **ciudadanos** y las **empresas** al Estado u otros organismos públicos. Constituyen la principal forma de financiación del **presupuesto público**. Se dividen en **impuestos, tasas** y **contribuciones**. Las tasas y las contribuciones se pagan para conseguir una **contraprestación** del Estado. Las primeras se hacen efectivas cuando se recibe un servicio público (por ej. al solicitar el pasaporte o al matricularse en la universidad). Las contribuciones se pagan cuando se obtiene un beneficio inmediato de una actividad de una **corporación pública** (por ej. cuando se arregla la iluminación de una calle los vecinos deben contribuir a financiar las obras).
Sin embargo, los tributos más importantes, por la **recaudación** que suponen, son los impuestos. Son pagos obligatorios que no van acompañados de ninguna **prestación** o beneficio inmediatos. Naturalmente el **contribuyente** obtiene compensaciones, puesto que el **gasto público** en forma de **servicios sanitarios**, infraestructura, seguridad, etc., tarde o temprano le favorecerá.
Distinguimos dos tipos fundamentales de **impuestos**, los **directos** y los **indirectos**.
Los primeros se exigen en función de los aumentos de la riqueza, mientras que los segundos **gravan** la utilización del **patrimonio**, es decir el **consumo**.
De acuerdo con esta clasificación son impuestos directos:
- el **impuesto sobre la renta de las personas físicas** (IRPF),
- el **impuesto sobre la renta de las sociedades**,
- el **impuesto sobre actividades económicas**,
- el **impuesto sobre sucesiones y donaciones**, y
- el **impuesto sobre el patrimonio**.

Abgaben

Bürger
Unternehmen
Staatsbudget
Steuern; Gebühren; Beiträge
Gegenleistung

öffentliche Körperschaft

(Steuer-)Einnahmen

Dienstleistung
Steuerzahler
öffentliche Ausgaben
Gesundheitswesen

direkte/indirekte Steuern

besteuern; Vermögen
Konsum

Einkommenssteuer

Körperschaftssteuer

Gewerbesteuer
Erbschafts- und Schenkungssteuer
Vermögenssteuer

Entre los impuestos indirectos el más conocido es el **impuesto sobre el valor añadido** (IVA). Aparte de este impuesto se pueden mencionar por ej. el **impuesto sobre transmisiones patrimoniales** (que grava por ej. la **compraventa de inmuebles**), los impuestos especiales (sobre el petróleo, sobre bebidas alcohólicas, etc.) así como los **aranceles**.
Un tipo muy especial de tributo son las **cotizaciones a la Seguridad Social** que se obtienen en parte directamente del **salario bruto** de los trabajadores (las **retenciones**) y en parte son pagadas por las empresas. [J.M./J.S.]

Mehrwertsteuer

Vermögensverkehrsst.
An- und Verkauf
Immobilien

Zölle
Sozialversicherungsbeiträge
Bruttolohn
Abzüge

tributo (n.m.)
sin.: gravamen (n.m.);
fam.: tributar (v., Steuern zahlen); tributación (n.f., Abgabeleistung); tributante (n.m./f., Steuerzahler); tributario (adj.);
con.: pagar un tributo; aumentar/disminuir los tributos; imponer un tributo=gravar algo con un tributo/abolir un tributo; recaudar un tributo (einnehmen);
tributo arancelario (Zollabgabe);
tributación: doble tributación (Doppelbesteuerung); tributación proporcional; progresiva;
tributario=fiscal: la Administración Tributaria (Steuerverwaltung); la política tributaria; la presión tributaria (Steuerlast); la recaudación tributaria (Steuereinahmen; Steuererhebung); la reforma tributaria; el sistema tributario;

recaudación (n.f.)
sin.: cobro (n.m.);
fam.: recaudar (v.); recaudador (de impuestos - n.m, Steuereinnehmer);
con.: llevar a cabo=realizar la recaudación;
la recaudación aumenta/disminuye;
recaudación estatal (amtliche Einhebung); fiscal=tributaria;
el déficit en las recaudaciones; la oficina de recaudación (Steueramt); el periodo de recaudación;

contribución (n.f.)
fam.: contribuir (v.); contribuyente (n.m./f., Steuerzahler);
con.: pagar/cobrar una contribución; estar sujeto al/exento del pago de una contribución (steuerbeitragspflichtig sein/von der Steuerbeitragspflicht befreit sein);
contribución municipal (Kommunalsteuer); obligatoria (Pflichtbeitrag).

EL IMPUESTO SOBRE LA RENTA DE LAS PERSONAS FÍSICAS (IRPF)

El IRPF es un **impuesto directo** que afecta a los **perceptores de rentas** (en primer lugar **salarios y sueldos**, pero también **intereses**, etc.) y a los que han visto aumentar su **patrimonio** (por ej. **plusvalías** generadas por la venta de **títulos** a un precio superior al que fueron comprados). Es de tipo personal, lo que quiere decir que se toman en consideración las circunstancias personales de cada **contribuyente** y no afecta a las **sociedades**.
En la mayoría de los países las **personas físicas** que superan un determinado nivel de **ingresos** anuales están obligadas a realizar la **declaración de la renta**, para determinar el IRPF que tienen que pagar. La declaración puede ser individual o conjunta (ingresos totales de la unidad familiar).
En la declaración aparecen:
- los **rendimientos del trabajo**,
- los **rendimientos del capital mobiliario**,
- los **rendimientos del capital inmobiliario**, y
- los **rendimientos profesionales** o **empresariales** (en el caso de **trabajadores por cuenta propia**).

Por lo general, los pagos por el IRPF no se efectúan tras la declaración, pues en su mayor parte han sido anticipados ya al Estado durante el año. Como los **pagos anticipados**, o **retenciones**, se basan en el nivel de ingresos y no tienen en cuenta ni las **desgravaciones** (reducciones de la **base imponible**) ni las **deducciones** de la suma a pagar (por ej. por la compra de un piso, etc.) puede incluso ocurrir que se produzcan **devoluciones** al contribuyente por parte del Estado.
El IRPF que se aplica a las declaraciones en España es de tipo progresivo, lo que quiere decir que el porcentaje de los impuestos va aumentando según los niveles de ingresos. Esto, que parece normal en España y en otros países europeos, no es tan normal en otros países del mun-

Einkommensteuer

direkte Steuer
Eink.-bezieher; Löhne
Gehälter; Zinsen
Vermögen
Wertzuwächse; Wertpapiere

Steuerzahler
Gesellschaften
natürliche Personen
Einkünfte
Steuererklärung

Einkünfte aus nichtselbständiger Arbeit
E. aus Kapitalvermögen
E. aus Immobiliarverm.
Einkünfte aus selbständiger Arbeit; Selbständige

Vorauszahlungen; Einbehaltungen
Freibeträge
Bemessungsgrundlage; Absetzbeträge
Rückerstattung

do; sin ir más lejos, en EEUU durante los gobiernos de Reagan y Bush, los más ricos disfrutaban oficialmente de impuestos regresivos, porque se pensaba que si disponían de más riqueza podrían contribuir más al **bienestar** general del país. En un país que practique la **progresividad fiscal**, los ingresos del Estado procedentes de los impuestos directos deberían ser mayores que los de los **impuestos indirectos**. Si no es así, el Estado perjudica a las **capas sociales** más **desfavorecidas**, ya que los impuestos indirectos **gravan** a todos los **consumidores** por igual, sean ricos o pobres. Se trataría entonces de un **sistema fiscal** que no favorece la **redistribución de la riqueza**. [C.R.]

Wohlstand

Steuerprogression

indirekte Steuern
sozial benachteiligte
Schichten
belasten; Konsumenten

Steuersystem; Vermögensumverteilung

impuesto (n.m.)
fam.: imponer (v.); imposición (n.f.); impositivo (adj.); imponible (adj.);
con.: pagar/cobrar=recaudar un impuesto; reducir/aumentar los impuestos; gravar con impuestos (*besteuern*); suprimir un impuesto (*e. Steuer abschaffen*); deducir=desgravar un gasto de los impuestos (*von der Steuer absetzen*); estar exento de impuestos (*von der Steuer befreit sein*); defraudar en el pago de un impuesto (*Steuer hinterziehen*); el impuesto grava un producto o servicio; los impuestos suben/bajan;
impuesto directo/indirecto; progresivo/regresivo; de lujo; de sucesiones (*Erbschaftssteuer*); sobre el valor añadido=IVA (*Mehrwertsteuer*); sobre el capital (*Kapitalsteuer*); sobre sociedades (*Körperschaftssteuer*); sobre la renta de las personas físicas; sobre el consumo de bebidas alcohólicas; sobre el tabaco;
la devolución de un impuesto;
impositivo: el tipo impositivo (*Steuersatz*);
imponible: la base imponible (*Steuerbemessungsgrundlage*);

declaración (n.f.) del impuesto sobre la renta de las personas físicas (IRPF)
sin.: declaración de la renta;
fam.: declarar (*Steuererklärung abgeben*); declarante (n.m./f.);
con.: hacer la declaración de la renta; presentar la declaración de la renta; defraudar en la declaración (*Einkommensteuer hinterziehen*)=ocultar ingresos en la declaración;
la declaración es negativa=con derecho a devolución/positiva; individual/conjunta;
el impreso de la declaración; el plazo para hacer la declaración (*Frist für die Steuererklärung*).

EL IMPUESTO SOBRE EL VALOR AÑADIDO (IVA)

Todos los países de la **Unión Europea** mantienen como principal **impuesto indirecto** el impuesto sobre el valor añadido (IVA) que **grava el consumo de bienes y de servicios**. El concepto de valor añadido proviene de la idea de que en cada transacción que sufre un producto, incluya **transformación** o no, éste **aumenta su valor**. Así, en la transformación de la harina en pan se está añadiendo valor a la **materia prima**. Lo mismo ocurre después con su **transporte** y **distribución**. Un producto que no se puede **adquirir** porque se encuentra a mucha distancia no tiene ningún valor para el **consumidor**, el mismo producto en una tienda cerca de casa sí que lo tiene.

Los que pagan el IVA en última instancia siempre son los **consumidores finales**. Si una empresa compra un producto también lo paga; sin embargo, cuando lo vende, lo recupera del próximo consumidor. Puesto que el precio de venta es mayor que el de compra, la empresa al vender también **ingresa** un IVA más alto. La diferencia que resulta del IVA cobrado menos el IVA pagado al **proveedor** es el impuesto sobre el valor añadido que debe a **Hacienda**. Los consumidores finales que ya no **revenden** el producto lógicamente tampoco cobran IVA, por lo que lo pagan enteramente.

Existe un **tipo de IVA** normal, que afecta a la mayoría de los productos (en España por ej. actualmente es del 16%), pero hay tipos de IVA mayores o menores para otros productos. Esto es lógico si se piensa que los impuestos indirectos son universales, es decir, afectan a todos los ciudadanos, sin importar su riqueza o sus **fuentes de ingresos**; para que los más pobres no se vean **desfavorecidos**, los **artículos básicos de consumo** (los **alimentos**) tienen un IVA reducido del 7%. Sectores de interés nacional, como por

---

Mehrwertsteuer (Mwst.)

Europäische Union
indirekte Steuer
den Konsum von Gütern
u. Dienstleistungen besteuern

Verarbeitung; einen
Wertzuwachs erfahren

Rohstoff
Transport; Vertrieb
erwerben
Konsument

Endverbraucher

einheben

Lieferant
Fiskus
wiederverkaufen

Mehrwertsteuersatz

Einkommensquellen

benachteiligt; Artikel des täglichen Verbrauchs;
Nahrungsmittel

ej. la **hotelería**, tienen también un IVA del 7% (excepto los hoteles de lujo). Algunos productos que requieren de especial protección tienen un IVA "superreducido" del 4% (por ej. pan, libros, etc.). Junto al IVA existen impuestos especiales que, por ej., gravan el consumo de gasolina o de productos peligrosos como el tabaco, o que también pueden ser exigidos por el Estado en el caso de sucesos especiales (catástrofes, guerras, etc.). Los impuestos indirectos suelen representar la mayor parte de las **recaudaciones impositivas** en países de **sistema fiscal** poco **progresivo** o donde el **fraude fiscal** está muy generalizado. [C.R.]

Hotellerie

Steueraufkommen
progressives Steuer-
system; Steuerhinter-
ziehung

Recaudación fiscal del Estado

(composición 1995 - cifras redondeadas)

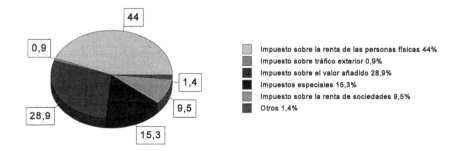

Impuesto sobre la renta de las personas físicas 44%
Impuesto sobre tráfico exterior 0,9%
Impuesto sobre el valor añadido 28,9%
Impuestos especiales 15,3%
Impuesto sobre la renta de sociedades 9,5%
Otros 1,4%

LA PRESIÓN Y EL FRAUDE FISCAL

La presión fiscal es el peso que tiene el conjunto de los **impuestos**, incluidas las **cotizaciones a la S.S.**, sobre el total del **producto interior bruto** de un país. Esta presión es en España de aproximadamente el 35% (frente al 40% de media en la **Unión Europea**). En todo caso, ya sea alta o baja la presión fiscal, ésta es considerada sicológicamente como excesiva por los ciudadanos de la mayoría de los países del mundo. Por eso, la tendencia al fraude fiscal, sobre todo si los mecanismos de control del Estado están poco desarrollados, es muy alta. Sin embargo, el fraude, aparte de ser un delito, es socialmente injusto, porque no suele beneficiar a los más pobres, sino a los más ricos.
El fraude se produce tanto en el campo de los **impuestos indirectos**, como en el de los **directos**.

En el caso de España el fraude en los impuestos indirectos (especialmente en el **impuesto sobre el valor añadido - IVA**) se produce fundamentalmente a través de **ventas** sin la correspondiente **factura**, o con factura falsa. El fraude no es muy fácil de realizar por ej. en la venta de bienes en un supermercado, o en la de billetes aéreos, pero es sencillo sobre todo en el campo de los **servicios** personales o de reparación. ¿Quién no ha oído nunca (y no sólo en España) la pregunta: "¿Lo quiere con o sin IVA?"
En España, el volumen de **defraudación del IVA** al Estado se cifra en un 25% y, según un estudio, los **colectivos** que más **defraudan** son los de las **profesiones liberales** (abogados, economistas, etc.).

Algo similar ocurre con los impuestos directos. Mientras que en el campo de la economía legal es casi imposible evitar los pagos a la S.S., no ocurre lo mismo con el **impuesto sobre la renta**

Steuerlast und Steuerhinterziehung

Steuern; Sozialversicherungsbeiträge; Bruttoinlandsprodukt

Europäische Union

indirekte; direkte Steuern

Mehrwertsteuer (MwSt.)

Verkäufe
Rechnung

Dienstleistungen

Hinterziehung d. MwSt.

Gruppen; Steuern hinterziehen; freie Berufe

Einkommenssteuer

de las **personas físicas** (IRPF). En este caso hay una diferencia fundamental entre los trabajadores que **reciben una nómina fija**, y los **empresarios**. Los primeros no pueden defraudar gran cosa a **Hacienda**, porque sus **ingresos** son perfectamente conocidos, mientras que los segundos, si lo desean, pueden ocultar parte de sus ingresos en la **declaración de la renta**. El fraude es incluso mayor en los **sectores financiero o inmobiliario**, los favoritos para la **colocación del dinero negro**.

einen fixen Lohn/Gehalt beziehen; Unternehmer Fiskus; Einkünfte

Steuererklärung
Finanz- oder Immobiliensektor
Anlegen von Schwarzgeld

A menudo están relacionados los fraudes en los impuestos directos e indirectos. La inexistencia de factura tras la **prestación de un trabajo** posibilita evitar por un lado el pago del IVA, y por el otro, ya que no existe ninguna prueba del trabajo realizado, que los **importes** aparezcan en la declaración de la renta, con lo que se ahorra el pago del IRPF.

Leistung einer Arbeit

Beträge

En España el resultado de la defraudación fiscal ha sido la aparición de enormes cantidades de dinero negro, cuya colocación o **blanqueo** el Estado se ha visto obligado a tolerar o incluso a legalizar, ante el miedo de que este dinero negro acabe por ej. en el extranjero. [C.R.]

Weißwaschen

fraude (n.m.)
fam.: defraudar; defraudación (n.f.); defraudador (n.m.); fraudulento (adj.);
con.: hacer un fraude=cometer fraude; luchar=tomar medidas contra el fraude;
    la campaña contra el fraude;
    fraude fiscal=impositivo=de los impuestos=tributario;
defraudar: defraudar al fisco=a Hacienda;
fraudulento: las actividades fraudulentas.

LA POLÍTICA FISCAL Y LA POLÍTICA PRESUPUESTARIA

Steuer- und Budgetpolitik

La política presupuestaria de un Estado contempla, por una parte, todos los mecanismos que permiten la financiación de sus actividades y, por otra, la planificación y administración de sus gastos. Tradicionalmente la financiación del **gasto público** se ha realizado mediante medidas de política fiscal, materializadas en la **recaudación de tributos** (**impuestos, tasas** y **contribuciones**).
La cantidad de estos tributos, su **progresividad**, su **aplicación sobre particulares o sociedades**, su **formulación directa** o **indirecta** y los **plazos de recaudación** son aspectos que debe definir la política fiscal del **ejecutivo**.
En la actualidad, la valoración de las necesidades de la **Hacienda Pública** se realiza a partir de la elaboración del **Presupuesto General del Estado**. Cada vez más, el presupuesto se convierte en una valoración económica del **programa de actuación del gobierno** para el siguiente **ejercicio**. Sin embargo, su **aprobación** depende del poder legislativo que discute la **viabilidad** de las medidas propuestas.
A partir de las teorías keynesianas y de la **generalización del Estado del bienestar** el presupuesto deja de mantener un equilibrio entre ingresos y gastos presentando grados mayores o menores de **déficit público**. Esto supone reconocer al Estado capacidad de **endeudamiento** y, por tanto, la posibilidad de recurrir a **emisiones de deuda pública** u otras medidas financieras para **cubrir** el déficit generado por el nivel superior de gastos que el gobierno desea emprender.
La política fiscal ha dejado de ser la única **fuente de financiación** del Estado.
Normalmente se considera que los presupuestos con marcado carácter **deficitario** son resultado de las importantes medidas sociales que desea realizar el ejecutivo. Un presupuesto con **parti-**

öffentliche Ausgaben
Einhebung von Abgaben
Steuern; Gebühren;
Beiträge;
Progression; Einhebung
auf Individuen oder Gesellschaften; direkter/ind.
Charakter; Einhebungsfristen; Regierung

Staatsfinanzen
Staatsbudget

Regierungsprogramm
Finanzjahr
Annahme
Durchführbarkeit

Ausweitung des Wohlfahrtsstaats

öffentliches Defizit
Verschuldung
Begebung von Staatsschuld
abdecken

Finanzierungsquelle

defizitär

Rechnungsposten

das voluminosas destinadas a **inversiones no productivas** como **sanidad**, educación o cultura **arrojará un déficit** más o menos elevado. Dependiendo de la progresividad de los tributos y de la **penalización** con la que se **grave** el **consumo** o el **ahorro** se verá si realmente la política económica tiende a favorecer a **los más necesitados socialmente** o presenta otros objetivos. Por lo dicho se aprecia que cuanto mayor sea la importancia de **la intervención del Estado** en la economía tanto mayor será la importancia del déficit público. En consecuencia, la política presupuestaria que desarrolle el gobierno se establecerá seleccionando unas **inversiones** y determinando su volumen. A continuación, mediante medidas fiscales o recurriendo a otro tipo de financiación, deberán establecerse los mecanismos para conseguir los ingresos necesarios. Por tanto, la política presupuestaria resulta ser uno de los instrumentos básicos para conseguir los objetivos de la **política económica**. [J.M./J.S.]

unproduktive Investitionen; Gesundheitswesen ein Defizit aufweisen

Steuerzuschlag; belasten; Konsum; Sparleistung die sozial Schwächsten

staatliche Eingriffe

Investitionen

Wirtschaftspolitik

<u>presupuesto</u> (n.m.)
fam: presupuestar (v., *veranschlagen*); presupuestario (adj.); presupuestado (adj., *verplant*);
con.: presentar el presupuesto; discutir el presupuesto; votar el presupuesto; aprobar el presupuesto (*bewilligen*); publicar el presupuesto;
sobrepasar el presupuesto (*überschreiten*); ajustar el presupuesto (*anpassen*); aumentar/disminuir=recortar=reducir el presupuesto;
el presupuesto se divide en partidas=en capítulos;
presupuesto anual;
el presupuesto es deficitario; está equilibrado;
Presupuesto General del Estado = Presupuestos Generales del Estado = presupuesto estatal;
<u>presupuestario</u>: cubrir el déficit presupuestario (*abdecken*); la política presupuestaria; redactar el plan presupuestario.

LOS TIPOS DE TRABAJO Y LA OCUPACIÓN

Arbeitsformen und Beschäftigung

En el tema de la **población activa** podemos ver que la **población ocupada** constituye la mayor parte de la población activa de un país. La condición fundamental para ser un **ocupado** es la de realizar un **trabajo remunerado**. Pero, ¿cuál es el tiempo mínimo que una persona tiene que trabajar para ser considerada como "ocupada"? Según la legislación española, que es similar a la de los demás países de la **Unión Europea**, se considera que un ocupado es una persona que trabaja al menos una hora a la semana durante un mes. O sea, en conjunto al menos cuatro horas al mes.

Así, el concepto de ocupado recoge tanto las personas **ocupadas a tiempo completo (jornada laboral completa)**, como aquéllas que tienen un **empleo a tiempo parcial (media jornada, trabajo por horas**, etc.).

Otro asunto es el del **trabajo temporal**, es decir el que se realiza durante un periodo limitado. Las personas que tienen un trabajo de este tipo son ocupados mientras lo realizan. Al finalizarlo dejan de serlo y, a no ser que encuentren un nuevo trabajo, pasan a ser **parados** o dejan de formar parte de la población activa.

Entre los ocupados podemos distinguir entre **trabajadores por cuenta propia** y **por cuenta ajena**. Los primeros, también llamados **trabajadores autónomos** o **independientes**, trabajan, como su nombre indica, para sí mismos. Éstos pueden tener a su cargo o no a otros trabajadores. En esta categoría encontramos desde un pequeño campesino o comerciante, hasta **profesiones liberales**, por ej. arquitectos, médicos, o **empresarios** industriales o de la **Banca**.

Erwerbsbevölkerung
erwerbstätige Bevölkerung
Erwerbstätiger
bezahlte Arbeit

Europäische Union

vollzeitbeschäftigt; Ganztagsarbeit
Teilzeitbeschäftigung; Halbtags-, stundenweise Arbeit; befristete Beschäftigung

Arbeitslose

selbständig, unselbständig Beschäftigte

freie Berufe

Unternehmer; Bankensektor

Los trabajadores por cuenta ajena o **asalariados** trabajan no para sí mismos, sino para otra persona o institución.
Dentro de los trabajadores por cuenta ajena encontramos a los **obreros** y a los **empleados**. Los obreros son trabajadores cuyo trabajo origina un **bien** o **producto**; es decir, en esta categoría se incluyen los asalariados en el **sector primario** y **secundario**. La **remuneración** de los obreros se llama **salario**.
Por su parte, los empleados, y entre ellos los **funcionarios** de las administraciones públicas, no producen bienes sino **servicios (productos intangibles)**.
Los empleados trabajan en el **sector terciario** y la remuneración de su trabajo se llama **sueldo**.
[C.R.]

Lohnempfänger

Arbeiter; Angestellte

(Wirtschafts-)Gut; Produkt; Primär-, Sekundärsektor; Entgelt
Lohn

Beamte
Dienstleistungen; immaterielle Güter
Tertiärsektor
Gehalt

---

trabajo (n.m.)
sin.: empleo (n.m.); puesto (n.m.) de trabajo; profesión (n.f.); ocupación (n.f.);
fam.: trabajar (v.); trabajador (n.m., adj.);
con.: buscar/encontrar=conseguir un trabajo; ofrecer=dar/solicitar=pedir;
    tener/perder el trabajo, quedarse sin trabajo; generar/destruir trabajo; trabajo por cuenta ajena/propia; fijo/temporal; mal/bien remunerado; a comisión (*auf Provisionsbasis*); a destajo (Akkordarbeit);
    diurno/nocturno; a=por=en turnos (*Schichtarbeit*);
    trabajo en cadena (*Fließbandarbeit*); a mano (*Handarbeit*); trabajo doméstico (*Heimarbeit*);
    el accidente de trabajo; el ambiente de trabajo; el compañero de trabajo (*Arbeitskollege*); el horario de trabajo; las ofertas de trabajo; el mercado de trabajo;

jornada (n.f.)
fam.: jornalero (n.m., *Tagelöhner*); jornal (n.m., *Tageslohn*);
con.: reducir=acortar=limitar/prolongar=alargar=ampliar la jornada laboral;
    jornada laboral completa/parcial; media jornada (*halber Arbeitstag*); jornada continua/partida; jornada de 8 horas.

LOS CONTRATOS LABORALES

El contrato laboral es un documento **suscrito** entre un **empresario** y un **trabajador**, por el cual este último se compromete a trabajar bajo determinadas condiciones que no pueden vulnerar en ningún caso la legislación laboral oficial.
El contrato es muy importante para un trabajador, pues pasados unos **plazos** determinados en el trabajo, puede beneficiarse por ej. de **subsidios de desempleo** o de **pensiones de jubilación**.

Dentro de los contratos podemos distinguir: según la duración del contrato, entre **fijos** (o **indefinidos**) y **temporales**; según la duración de la **jornada laboral**, entre **contratos a tiempo completo** y **contratos a tiempo parcial** (por ej. **media jornada**).

El contrato fijo crea una **relación laboral** entre la **empresa** y el trabajador, que en un país **sin despido libre**, como España, sólo termina en determinados casos, como por ej. por **jubilación**, por falta grave, por acuerdo entre **las partes** o por crisis empresarial grave. Sin embargo, el empresario puede **despedir** al trabajador si le paga la **indemnización** fijada por la ley. Los contratos fijos suponen las dos terceras partes de los existentes en la actualidad en España.

El contrato temporal, por su parte, crea una relación laboral entre empresario y trabajador para un periodo limitado en el tiempo. Este tipo de contrato representa ya una tercera parte de las **contrataciones** totales en España y la tendencia es creciente; mientras que **se destruyen empleos** fijos se crean constantemente **empleos eventuales** de gran precariedad y mal pagados. Los trabajadores eventuales ganan en la actualidad sólo un poco más de la mitad que los fijos.
Entre los empleos eventuales se pueden citar por ej. los **estacionales** para una época deter-

Arbeitsverträge

unterzeichnet
Arbeitgeber; Arbeitnehmer

Beschäftigungszeiten
Arbeitslosenunterstützungen; Alterspensionen

fixe; unbefristete; befristete (Verträge)
Arbeitszeit
Vollzeit-;Teilzeitverträge
Halbtagsarbeit

Arbeitsverhältnis
Unternehmen; ohne freies Kündigungsrecht
Pensionierung
Vertragspartner
kündigen
Abfertigung

Anstellungen
Arbeitsplätze werden abgebaut; Gelegenheitsarbeiten

Saisonarbeiten

minada, y que son muy típicos en la **agricultura**, **construcción** o **turismo**; los temporales para trabajos muy concretos y por lo general de poca duración; y por último los llamados **de prácticas** y **de aprendizaje**, para personas que tienen su primer empleo; algunos de estos últimos están subvencionados por el Estado y han dado lugar a enormes abusos por parte de los empresarios.

Landwirtschaft
Bauwirtschaft; Tourismus

Praktikums-, Lehrverträge

En la **economía sumergida** no existen contratos escritos, sino **acuerdos orales** entre los empresarios y los trabajadores. En esta forma moderna de esclavitud se suele pagar o bien **por horas** (sobre todo en la construcción), o **a destajo**, es decir, según la cantidad de productos producidos o recogidos. Este último tipo de **remuneración** es el más normal sobre todo en la agricultura y en la industria. [C.R.]

Schattenwirtschaft
mündliche Vereinbarungen
stundenweise
für Akkordarbeit

Entlohnung

contrato (n.m.)
fam.: contratar (v.); contratante (n.m., *Vertragspartner*, adj.); contratación (n.f., *Anstellung*); contractual (adj.);
con.: firmar; negociar; prolongar/rescindir=cancelar (*Laufzeit verlängern/kündigen*); violar =infringir un contrato (*verletzen*);
  contrato laboral=de trabajo; de trabajo de prácticas; de aprendizaje; de trabajo a prueba;
  contrato de duración limitada/ilimitada=por tiempo indefinido=fijo; a tiempo completo/-parcial=de jornada completa/de media jornada; temporal; anual;
  contrato de alquiler (*Mietvertrag*); de compra/de venta; de seguro (*Versicherungsvertrag*);
contratante: partes contratantes (*Vertragsparteien*);
contractual: exigencias contractuales (*vertragliche Vereinbarungen*).

LA POLÍTICA LABORAL

Una de las funciones tradicionales del Estado es la regulación del **mercado de trabajo**. El Estado dicta una serie de disposiciones para la economía regular (en la **economía sumergida** no existe, como es lógico, ningún tipo de regulación) que tienen que ser cumplidas tanto por los **empresarios** como por los **trabajadores**.

Existen dos tendencias muy claras a este respecto, que tienen que ver con los principios generales de la política económica:

La primera es la típica de los países desarrollados de tradición económica liberal, sobre todo Estados Unidos, pero también por ej. de los **países emergentes**. En estos países el **desempleo** no se considera un problema que tenga que resolver el Estado, sino que se confía en las fuerzas económicas del mercado de trabajo. Se considera que para mantener bajo el nivel de desempleo la **desregulación** de este mercado es la mejor solución. Así, la **colocación** no está monopolizada por las **oficinas de empleo** estatales, sino que predomina la contratación privada; los **salarios** se regulan preferentemente por la valía personal del trabajador, a través de **contratos** individuales; el **despido** tiende a ser libre, y se promueven como muy positivas la movilidad funcional (de un **empleo** a otro distinto), la movilidad geográfica y las **jornadas de trabajo** irregulares.

El otro modelo es el del **Estado de bienestar**, típico de los países centroeuropeos y nórdicos. Aquí, el principio fundamental es el **pleno empleo**; se aceptan aumentos de la inflación o del **gasto público** si con ello se contribuye a aumentar la **ocupación**. El **mercado laboral** está sumamente regulado en estos países. La colocación se realiza fun-

Beschäftigungspolitik

Arbeitsmarkt

Schattenwirtschaft

Unternehmer; Arbeitnehmer

Schwellenländer
Arbeitslosigkeit

Liberalisierung

hier: Vermittlung
Arbeitsämter
Löhne

Verträge
Kündigung
Arbeitsplatz

Arbeitszeiten

Wohlfahrtstaat

Vollbeschäftigung

Ausgaben der öffentlichen Hand; Beschäftigung; Arbeitsmarkt

damentalmente a través de las oficinas de empleo estatales; los salarios se regulan preferentemente por medio de **convenios colectivos** o de **la concertación social**; no se suele exigir movilidad funcional o geográfica para la aceptación de un empleo, la duración de la jornada laboral está regulada y el despido no es libre.

Kollektivverträge
Absprachen zwischen
den Sozialpartnern

Ambos sistemas tienen sus ventajas e inconvenientes, aunque lógicamente los empresarios suelen preferir el primero y los trabajadores el segundo. En países con un nivel intermedio de desarrollo, como España y otros países mediterráneos, la política laboral sería una mezcla de los dos sistemas mencionados. Pero, por lo general, ante el enorme incremento del **paro** en los últimos años, se tiende a una desregulación creciente del mercado laboral. [C.R.]

Arbeitslosigkeit

laboral (adj.)
fam.: labor (n.f., poco usado), laborable (adj.); laboralista (adj., n.m.);
con.: el acuerdo laboral (*Arbeitsvereinbarung*); el contrato laboral (*Arbeitsvertrag*); la relación laboral (*Arbeitsverhältnis*); la legislación laboral (*Arbeitsgesetzgebung*);
las condiciones laborales (*Arbeitsbedingungen*); el horario laboral=la jornada laboral (*Arbeitszeit*); la semana laboral (*Arbeitswoche*);
el mercado laboral flexible, libre/regulado, controlado;
el accidente laboral; la incapacidad laboral transitoria (*vorübergehende Arbeitsunfähigkeit*);
laborable: el día laborable/festivo (*Arbeitstag/Feiertag*);
laboralista: el abogado laboralista (*Anwalt für Arbeitsrechtsfragen*).

LOS SINDICATOS Y LAS PATRONALES

Gewerkschaften und Arbeitgeberverbände

El sindicato es una organización que tiene como objetivo defender los intereses de los **trabajadores por cuenta ajena**.

unselbständig Beschäftigte

En un país democrático la **afiliación** a los sindicatos es voluntaria; sin embargo, la tasa de afiliación no suele ser muy alta. Los **afiliados** pagan **cuotas sindicales,** que son una de las principales fuentes de financiación sindical. Los sindicatos democráticos más importantes son de tipo horizontal, lo cual significa (al menos teóricamente) que las decisiones parten de la base sindical, y los dirigentes son meros **portavoces** de la voluntad de ésta.

Mitgliedschaft

Mitglieder
Gewerkschaftsbeiträge

Sprecher

Otra característica importante de los sindicatos en un país democrático es el pluralismo sindical. Es decir, pueden existir sindicatos de diferentes tendencias políticas, sectoriales (para una **rama** determinada), de **empresa** (para una empresa concreta), regionales etc.

Branche
Unternehmen

En el caso de España, la actividad sindical está dominada por dos grandes sindicatos, la Unión General de Trabajadores (UGT, pro-socialista) y Comisiones Obreras (CCOO, pro-comunista), que en los últimos años trabajan de forma muy coordinada.

Por su parte, en los países con dictadura política existe generalmente un **sindicato único**, controlado por el Estado y de afiliación obligatoria para todos los trabajadores; las decisiones no son tomadas por la base, sino por la **dirección sindical**. Este sindicato puede tener estructura vertical, es decir, que reúne tanto a los **empresarios** como a los trabajadores de un mismo sector.

Einheitsgewerkschaft

Gewerkschaftsführung

Unternehmer

Como es lógico, los empresarios también disponen de sus propias organizaciones, llamadas patronales. En España destacan dos, la Confederación Española de Organizaciones Empresariales (CEOE), que representa sobre todo a los grandes empresarios, y la Confederación Española de la Pequeña y Mediana Empresa (CEPYME).

Los sindicatos y las patronales constituyen lo que se llama **agentes** o **interlocutores sociales**; éstos, con el Estado como posible mediador, se reúnen de manera más o menos pacífica para discutir temas como los **convenios colectivos** o los grandes acuerdos sociales. [C.R.]

Sozialpartner

Kollektivverträge

patronal (n.f., Arbeitgeberverband; adj.)
sin.: asociación patronal; organización patronal; sindicato patronal (Arg.);
fam.: patrón (n.m.); patrono (n.m.);
con: el cierre patronal (Arbeiteraussperrung); la cuota patronal a la S.S.(Arbeitgeberanteil);

sindicato (n.m.)
sin: asociación=agrupación (de trabajadores);
fam.: sindical (adj.); sindicalista (n.m. Gewerkschaftler, adj.);
con: afiliarse a=adherirse a=hacerse miembro de=inscribirse en un sindicato;
estar afiliado a=ser miembro de un sindicato;
sindicato agrícola; del carbón; de empleados; de empresa; de estudiantes; obrero=de trabajadores; regional; sectorial; profesional; vertical/horizontal; único; socialista;
el secretario general de un sindicato; los dirigentes del sindicato=la dirección del sindicato; el representante del sindicato(=sindical);
el acuerdo entre sindicatos; la lucha de los sindicatos (=sindical); las reivindicaciones de los sindicatos (Gewerkschaftsforderungen); la cuota del sindicato (=sindical).

LAS NEGOCIACIONES SALARIALES

En un país democrático las negociaciones salariales tienen lugar entre los **interlocutores sociales**, es decir, las **patronales** y los **sindicatos**. El Estado normalmente aparece como mediador entre los interlocutores, al tiempo que fija por ley algunos parámetros básicos del **mercado laboral**, por ej. la cuantía del **salario mínimo interprofesional**, la duración de la **jornada laboral**, etc.
En España los sindicatos y patronales negocian por lo general anualmente los **convenios colectivos** (aunque también existen acuerdos **a más largo plazo**). El punto fundamental de los convenios suele ser el de fijar los **incrementos salariales** para el próximo año, teniendo como base para ello los cambios producidos en el **índice de precios al consumo**. En la negociación pueden aparecer, sin embargo, otros puntos importantes de discusión, como pueden ser las **condiciones de trabajo** y la seguridad en éste, la **remuneración de horas extra**, la colocación de las vacaciones y, en casos de crisis, la **reducción de la jornada laboral** o **jubilaciones anticipadas**.
Los convenios colectivos no suelen ser generales para todos los trabajadores, ya que normalmente son de tipo sectorial (para una **rama de actividad** determinada) o a veces incluso empresarial (sobre todo para grandes empresas). Las negociaciones son a menudo muy duras, pues existen grandes diferencias entre los intereses empresariales y sindicales.
En algunos países muy estables a nivel económico, como Austria, existe la llamada **concertación social** de tipo global, que excluye casi totalmente la conflictividad social.
En España este tipo de acuerdos o pactos sociales han sido difícilmente aceptados cuando han tratado de imponer **moderación salarial** (es decir, aumentos que no superen, o incluso se encuentren por debajo de la inflación prevista) a

Lohnverhandlungen

Sozialpartner
Arbeitgeberverbände;
Gewerkschaften

Arbeitsmarkt
gesetzlicher Mindestlohn
Arbeitszeit

Kollektivverträge
langfristig

Lohnerhöhungen

Verbraucherpreisindex

Arbeitsbedingungen
Vergütung von Überstunden
Arbeitszeitverkürzung
Frühpensionierungen

Branche

Sozialpartnerschaft

Mäßigung in den Lohnforderungen

cambio de garantizar la creación de nuevos
puestos de trabajo o de mantener el nivel de   Arbeitsplätze
trabajo existente. Los sindicatos por lo general no
ven ninguna garantía en estos últimos puntos y
son enemigos de estos acuerdos sociales. [C.R.]

convenio (n.m.)
sin: acuerdo (n.m.);
fam.: convenir (übereinkommen);
con: establecer=acordar=firmar=concluir/rechazar un convenio; negociar un convenio; violar=romper un convenio;
convenio colectivo; de=sobre salarios; sectorial; bilateral/multilateral;

remuneración (n.f.)
fam: remunerar (v., vergüten); remunerador (adj., lohnend); remunerativo (adj.); remunerado (adj.);
con.: remuneración del capital; del trabajo=laboral (Arbeitsverdienst); bruta (Bruttoverdienst)/neta (Nettoverdienst); real (tatsächliches Entgelt); media (Durchschnittsentgelt); en metálico (Barentlohnung)/en especie (Naturallohn); por horas extraordinarias;
remunerado: trabajo mal/bien remunerado (schlecht/gut bezahlte Stelle);

salario (n.m.)
fam.: asalariado (n.m., adj., Lohn-/Gehaltsempfänger); salarial (adj.);
con.: ajustar el salario (Lohn angleichen); aumentar/reducir=recortar el nivel de salarios (Lohnniveau erhöhen/abbauen); congelar los salarios (die Löhne einfrieren); pagar/cobrar el salario;
el alza=el aumento=el incremento/la baja, el recorte de los salarios; la congelación de los salarios; la moderación de los salarios (=salarial);
salario base (Grundgehalt); salario mínimo interprofesional; salario medio (Durchschnittslohn); salario convenido (ausgehandelter Lohn); salario bruto/neto; en efectivo /en especie (Geld-/Naturallohn); por hora; por pieza=por unidad de producto; a destajo (Akkordlohn);
la relación salario-precio; la espiral de precios y salarios;
salarial: la mejora=aumento=el incremento salarial; la negociación salarial; las reivindicaciones salariales (Lohnforderungen).

LA HUELGA

Streik

Cuando los **sindicatos**, el **comité de empresa** o los trabajadores no han alcanzado sus **reivindicaciones laborales** en las negociaciones con los **empresarios** pueden recurrir a una medida de presión extrema: **convocar una huelga**.

Gewerkschaften; Betriebsrat; Forderungen bzgl. Arbeitsbedingungen; Unternehmer einen Streik ausrufen

Los trabajadores pueden **secundar**la y dejar de trabajar hasta conseguir sus propósitos.

befolgen

Los que deciden no secundarla e ir a trabajar deben enfrentarse a menudo con grupos de **huelguistas** (los **piquetes**) que intentan impedir que estos **rompehuelgas** o **esquiroles** trabajen.

Streikende
Streikposten
Streikbrecher

La huelga puede afectar solamente a una empresa, a un sector (**huelga sectorial**) o a todo un país. En este último caso se habla de **huelga general**. La huelga general a menudo va acompañada por reivindicaciones políticas. A lo largo de la historia este tipo de huelga ha llevado incluso al desencadenamiento de guerras civiles o revoluciones.

branchenweiter Streik
Generalstreik

Hay huelgas en las que no se deja totalmente de trabajar. Por ej. en la **huelga de celo** los huelguistas aplican exactamente el reglamento (respetando exageradamente las **normas de seguridad e higiene**, no realizando **horas extra**, etc.) lo que provoca la paralización de algunas funciones y servicios. La **huelga de trabajo lento** consiste en realizar el trabajo disminuyendo el ritmo normal. En **la huelga de brazos caídos** los trabajadores acuden al lugar de trabajo pero no cumplen sus funciones.

Dienst nach Vorschrift

Sicherheits- und Hygienevorschriften; Überstunden
Bummelstreik

Sitzstreik

Cuando se convoca una huelga en sectores de gran importancia como pueden ser la **sanidad** o los **transportes públicos** se intenta llegar a un acuerdo para que se establezcan unos **servicios mínimos**. En caso de que este acuerdo no se alcance el Estado los impone.

Gesundheitswesen
öffentl. Vekehrsmittel
Notdienste

Otros tipos de **huelga** son las **de solidaridad** con otros compañeros de trabajo, o la **huelga de hambre,** que normalmente se hace por razones políticas o individuales.

Solidaritätsstreik
Hungerstreik

Las **constituciones** de los países democráticos reconocen, a diferencia de los sistemas dictatoriales, el **derecho a la huelga** a los trabajadores (con excepción de algunas profesiones, como el ejército, la policía, etc.). Por eso, la huelga no anula los **contratos de trabajo** entre los **asalariados** y los **patronos,** lo que quiere decir que la huelga no puede ser causa de **despido.**

Verfassungen

Streikrecht

Arbeitsverträge; Lohn- u.
Gehaltsempfänger; Arbeitgeber; Entlassung

Mientras que los trabajadores tienen derecho a **declararse en huelga** el equivalente patronal, el **cierre empresarial,** sólo es admitido en España por motivos de orden público, pero no como **instrumento de presión** en las **negociaciones salariales.** [M.P.]

in Streik treten
Betriebsaussperrung

Druckmittel; Lohnverhandlungen

huelga (n.f.)
sin.: paro (n.m.);
fam.: huelguista (n.m.), rompehuelgas (n.m.);
con.: convocar=declarar/desconvocar=suspender una huelga; declararse en huelga=ir a la huelga; estar en=hacer huelga; romper/secundar una huelga
huelga de advertencia (*Warnstreik*); de brazos caídos; de celo; de hambre; de solidaridad; de trabajo lento;
huelga general/sectorial;
huelga espontánea=ilegal=salvaje (*wilder Streik*);
el comité de huelga; el piquete de huelga (*Streikposten*); el derecho a la huelga.

LA POBLACIÓN ACTIVA Y LA POBLACIÓN OCUPADA

La población activa está compuesta por las personas que realizan un **trabajo remunerado** (**ocupados**) y por las personas que no lo tienen, pero lo buscan activamente (**parados o desempleados**).
Si analizamos las **tasas de población activa** en diversos países, veremos que entre ellas hay diferencias enormes.
¿A qué se deben tales diferencias?
De hecho, una parte de la población de un país no puede trabajar, ya sea por razones legales o por otras causas (por ej. niños, ancianos **jubilados**, deficientes físicos o psíquicos, etc.); al resto, es decir, al conjunto de las personas que tienen capacidad para trabajar y que legalmente podrían hacerlo, se le llama **población potencialmente activa** o **mano de obra disponible**.
Hay naturalmente personas que simplemente no quieren trabajar, pero ¿qué ocurre con las **amas de casa**? Éstas, al igual que por ej. los estudiantes o soldados no profesionales, desarrollan una actividad muy meritoria, pero como no reciben **salario** a cambio, no forman parte de la población activa.
La cuantía de la población activa en un país depende fundamentalmente de su **estructura demográfica** (mayor o menor presencia de niños y/o ancianos) y de las costumbres sociales (por ej. el trabajo de las mujeres en algunos países islámicos es casi imposible, mientras que en algunos países comunistas era prácticamente obligatorio).
Los movimientos cíclicos de la economía condicionan también en gran medida el volumen de la población activa.
Así, en momentos de **auge económico** la población activa crece, sobre todo porque aumenta mucho el número de ocupados. Sin embargo, el número de parados no se reduce demasiado,

Erwerbsbevölkerung und erwerbstätige Bevölkerung

bezahlte Arbeit
Erwerbstätige
Arbeitslose

Erwerbsquoten

Pensionisten

erwerbsfähige Bevölkerung; Arbeitskräftepotential
Hausfrauen

Lohn

Bevölkerungsstruktur

Wirtschaftsaufschwung

porque, ante la buena situación, mucha gente que no creía tener demasiadas oportunidades de encontrar trabajo decide buscar empleo apuntándose en **las oficinas de empleo** o en **las agencias de colocación**, con lo que se hace mayor el **paro**.
Si la situación es mala, se reduce el número de ocupados y aumenta el número de parados registrados, pero no tanto como se podría esperar, ya que muchas personas desisten de buscar empleo ante la dificultad de encontrarlo, y con ello dejan de formar parte de la población activa.
En general, trabajadores poco cualificados, jóvenes, amas de casa o extranjeros, forman un particular ejército de reserva de **mano de obra**, cuya situación laboral cambia mucho según la **coyuntura económica**. [C.R.]

Arbeitsämter; Arbeitsvermittlungsagenturen
Arbeitslosigkeit

Arbeitskräfte

Wirtschaftslage

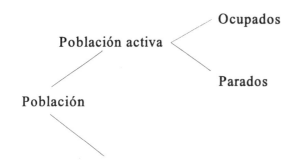

EL DESEMPLEO O PARO

A pesar de que convertirse en un **parado** o **desempleado** es una cosa sumamente sencilla en determinados países, para serlo a nivel oficial hay que cumplir algunos requisitos.
Parado es, oficialmente, la persona que está **capacitada para trabajar** pero que no tiene **trabajo remunerado**, aunque lo busca activamente y está disponible para trabajar en cualquier momento. El paro o desempleo es el número total de los parados que hay en un país.
Mientras que resulta fácil conocer el número de los **ocupados** (personas con trabajo), el cálculo del total de parados en un país presenta algunos problemas. Se suelen utilizar básicamente dos procedimientos: el primero consiste sencillamente en sumar todas las personas que se encuentran registradas en las **oficinas de empleo** en busca de trabajo, el segundo en la realización de una encuesta sobre una **muestra representativa** de la población; a ésta se la llama en España **Encuesta de Población Activa** (EPA).
En países con una elevada **tasa de cobertura de desempleo** y donde la gente encuentra trabajo con rapidez, tienden a coincidir ambas cifras, sin embargo en otros países, como en el caso de España, éstas son muy distintas, siendo mucho mayor la de la EPA. Ello se debe a que la cobertura de desempleo en España no es total, por lo que los parados sin **subsidio de desempleo** no tienen mucho estímulo para acudir a las oficinas de empleo; además existen pocas **ofertas de trabajo**, por lo que muchas personas sin trabajo en épocas de crisis deciden quedarse en su casa y no perder el tiempo haciendo cola en las oficinas, y sin embargo, se declaran como parados en la EPA.
Algunos economistas afirman por ello con cierto cinismo que cuanto peor sea el funcionamiento de las oficinas de empleo, más bajo se mantendrá el paro.

Arbeitslosigkeit

Arbeitsloser

arbeitsfähig
bezahlte Arbeit

Erwerbstätige

Arbeitsämter

repräsentative Stichprobe

Arbeitskräfteerhebung
Leistungsbezieherquote
(der Arbeitslosenunterstützung)

Arbeitslosenunterstützung
Arbeitsangebote

El paro no afecta a todos los sectores sociales por igual; es especialmente grave el **paro juvenil**, entre jóvenes menores de 24 años con bajo nivel de **formación** y que buscan su primer **empleo**, el paro femenino (con una tasa de desempleo dos veces mayor que la de los hombres) y el **paro de larga duración**, especialmente entre personas de más de 45 años que han perdido su empleo y a los que por su edad les es difícil encontrar otro nuevo.

La cifra de paro en un país puede ser relevante a nivel nacional, pero pierde su sentido por ej. cuando se realizan comparaciones internacionales. Para ello se utiliza la **tasa de paro** o **tasa de desempleo**. Esta tasa se obtiene de dividir el número total de parados por el número de personas que componen la **población activa** (ocupados+parados). A estos niveles, España tiene ya desde hace bastantes años la dudosa honra de situarse en primer lugar entre los países de la **OCDE**. [C.R.]

Jugendarbeitslosigkeit

Ausbildung; Beschäftigung

Langzeitarbeitslosigkeit

Arbeitslosenrate

Erwerbsbevölkerung

OECD

---

paro (n.m.)
sin.: 1. desempleo (n.m.); desocupación (n.f.); cesantía (Chile., n.f.);
2. subsidio (n.m.) de desempleo (*Arbeitslosenunterstützung* - uso coloquial en algunos contextos);
3. huelga (n.f., *Streik*);
fam.: parar (v.); (ser un=estar) parado (adj., n.m.);
con.: estar en paro; cobrar el (subsidio del) paro; tener derecho al (subsidio del) paro (*Anspruch auf Arbeitslosenunterstützung haben*);
apuntarse=inscribirse en (la oficina de) el paro;
el paro aumenta=sube=crece/disminuye=baja=desciende; mejora=empeora;
luchar contra el paro=tomar medidas contra/para frenar el paro;
paro estructural/paro coyuntural; de larga duración/de corta duración; estacional (*Saisonarbeitslosigkeit*); friccional (*Sockelarbeitslosigkeit*); juvenil; femenino; tecnológico; sectorial;
la oficina del paro=de empleo (*Arbeitsamt*);
la cifra de paro; la tasa de paro.

EL SUBSIDIO DE DESEMPLEO

El subsidio de desempleo es el dinero procedente de la **Seguridad Social** que, durante un periodo más o menos largo de tiempo, reciben mensualmente los **parados**. Coloquialmente se habla de "**cobrar el paro**".
Sin embargo, no todos los parados que están **inscritos en las oficinas de empleo** tienen derecho a alguno de los diversos tipos del subsidio de desempleo. Se habla de cobertura de desempleo para referirse al número de parados que reciben subsidio; la **tasa de cobertura** alcanza actualmente en España a más del 50% de los parados.
Para cobrar el subsidio normal de desempleo en España hay que cumplir una serie de condiciones, la más importante de ellas es la de haber trabajado durante cierto tiempo.
Dependiendo del tiempo que se ha trabajado, varía el número de meses con derecho a **cobrar el subsidio**. La cuantía del subsidio depende del **salario** antes recibido por el trabajador, pero no puede superar un determinado límite.
En principio quedan excluidas del cobro del subsidio las personas que nunca han trabajado o que lo han hecho menos del tiempo exigido, así como aquéllos que ya han agotado los plazos de cobro del subsidio. Pero imaginemos por ejemplo la situación a la que puede llegar un parado mayor de 45 años, con familia a su cargo y sin otros **ingresos, que ha agotado el periodo de cobro** del subsidio de desempleo y que en ese tiempo no ha conseguido trabajo.
Para éste y otros casos graves, existe el llamado subsidio no contributivo o asistencial, que a menudo se cobra hasta que el trabajador accede a la **pensión de jubilación**.
Otro subsidio especial es el subsidio de desempleo agrícola, que se aplica sobre todo en **zonas latifundistas** (Andalucía, Extremadura) y al cual tienen derecho los **trabajadores agrícolas** que

---

Arbeitslosenunterstützung

Sozialversicherung

Arbeitslose
"stempeln gehen"
bei den Arbeitsämtern gemeldet

Leistungsbezieherquote

die Unterstützung beziehen
Lohn

Einkünfte; dessen Anspruch auf Bezug erloschen ist

Alterspension

Großgrundbesitzgebiete

Landarbeiter

puedan presentar un número reducidísimo de **peonadas**, o sea, de días trabajados. El organismo que se ocupa de pagar el subsidio de desempleo es el Instituto Nacional de Empleo (INEM), que ejerce también como **oficina de colocación**. El funcionamiento de las oficinas de empleo en España es muy ineficaz, y también lo es el control de los parados. Se dan así numerosos casos de parados que cobran el subsidio y que trabajan al mismo tiempo en la **economía sumergida**. Otro tipo de subsidio es el **salario social**, que es muy distinto a los anteriores, pues no está relacionado con un trabajo realizado. Es concedido por algunas **autonomías** a las personas que tienen un nivel de vida mínimo (pobres, **mendigos**, **inadaptados**, etc). A cambio de la percepción, éstos se comprometen a seguir unos cursos de **reinserción social**. [C.R.]

Tagewerke

Arbeitsvermittlungsagentur

Schattenwirtschaft
Sozialhilfeleistung

autonome Regionen
Bettler
Randgruppen

Resozialisierung

---

subsidio (n.m.)
fam.: subsidiar (v., *unterstützen*); (principio de) subsidiariedad (n.f.); subsidiado (adj.); subsidiario (n.m., adj.);
con.: pedir=reclamar=solicitar un subsidio; conceder/denegar a alguien el (derecho al) subsidio; pagar/cobrar=recibir=percibir un subsidio; tener derecho a un subsidio; ser beneficiario de un subsidio;
revisar; aumentar=subir/disminuir=bajar los subsidios;
subsidio de desempleo=de paro; de paro agrícola; no contributivo o asistencial; de=por maternidad; de enfermedad (*Krankengeld*); familiar; por hijos; de vejez (*Altersbeihilfe*); la tasa de cobertura del subsidio; la cuantía del subsidio; el plazo de percepción del subsidio (*Bezugsdauer*).

LA SEGURIDAD SOCIAL (S.S.)

Sozialversicherung

El sistema de la Seguridad Social estatal proporciona a los ciudadanos de un país una serie de **prestaciones** sobre todo en el campo de la **sanidad**, de las **pensiones de jubilación** y del **subsidio de desempleo**. En los países desarrollados, sobre todo en los de Europa Occidental, la Seguridad Social es uno de los componentes básicos del llamado **Estado de bienestar**. En la gran mayoría de los países pobres la Seguridad Social tiene una importancia mínima o incluso es inexistente, por lo que el apoyo familiar sustituye o complementa a menudo a la Seguridad Social.

Leistungen; Gesundheitswesen; Alterspensionen Arbeitslosenunterstützung

Wohlfahrtsstaat

En la **Unión Europea** los gastos de S.S. representan por término medio la cuarta parte del **producto interior bruto**. En España, con un sistema de protección menos desarrollado que en otros países, el porcentaje se sitúa cerca del 20%.

Europäische Union

Bruttoinlandsprodukt

Los **fondos** con los que se financia la S.S. proceden en su mayor parte de las **cotizaciones a la Seguridad Social** que pagan los trabajadores y los empresarios. El Estado aporta el resto de los fondos a través del **presupuesto**.

Mittel
Beitragszahlungen an die Sozialversicherung

Budget

En los países europeos desarrollados el sistema no protege solamente a las personas que pagan cotizaciones y a sus familiares cercanos, sino que tiende a la **universalización de las prestaciones**, es decir, a que éstas beneficien a todos los ciudadanos.

Ausdehnung der Leistungen

El problema para el mantenimiento de este sistema universal consiste en que cada vez menos **cotizantes** tienen que atender las prestaciones crecientes de pensiones (por el **envejecimiento** cada vez mayor de la población), de los subsidios de desempleo (por el aumento del **paro**) y de los **gastos sanitarios públicos** (por el aumento del coste y del uso de los **tratamientos**). Por eso, la mayoría de los países mencionados tratan de reducir las prestaciones, sin que por

Beitragszahler
Überalterung

Arbeitslosigkeit
öffentl. Ausgaben für das Gesundheitswesen; Behandlungen

ello se desee llegar a un modelo como el de los
Estados Unidos basado en la **responsabilidad
personal**; en el que cada persona debe cuidar
de sí misma y de su familia y donde el Estado
interviene lo menos posible.
El problema de este modelo ultraliberal es que
excluye a una gran parte de la población, la más
pobre, de los **beneficios sociales**. [C.R.]

Eigenverantwortung

soziale Errungenschaften

Seguridad (n.f.) Social

fam.: asegurar (v.); seguro (adj., n.m.); asegurado (adj., n.m.); asegurador (adj., n.m.);
con: estar afiliado a la S.S.; cotizar a la S.S.=pagar la cuota de=la contribución a la S.S.;
las prestaciones de la S.S.; la cartilla=el carné de la S.S.; el número de la S.S.; el
ambulatorio, la clínica, el hospital, el médico de la S.S.

Gastos de la Seguridad Social en 1994

	Mill.Ptas	% del presupuesto
Pensiones	5.843.277	58,61
Asistencia Sanitaria	2.910.770	29,20
Servicios Sociales	254.572	2,55
Otros	960.801	9,64

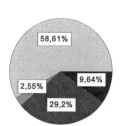

Gastos del INEM en 1994

	Mill.Ptas	% del presupuesto
Prest. desempleados	1.979.071	87,51
Fomento de empleo	151.964	6,72
Formación profesional	129.853	5,74

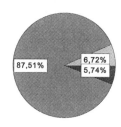

LA ASISTENCIA SANITARIA Y LAS PENSIONES DE JUBILACIÓN

La asistencia sanitaria en un país de **seguridad social universalizada**, como es el caso de España, suele **cubrir** el total de los **servicios médicos** y una parte de los servicios farmacéuticos destinados a restablecer y/o conservar la salud de los **asegurados**.
El sistema beneficia tanto a los **titulares** (trabajadores, jubilados), como a sus **familiares**, así como a las personas que, sin **estar afiliadas a la Seguridad Social** (S.S.), no disponen de **ingresos** económicos.
Sin embargo, el nivel de las **prestaciones** médicas públicas no es siempre óptimo, y es por ello que muchos millones de españoles **contratan** adicionalmente a la S.S. **seguros sanitarios privados**. Con ello se produce en la práctica una doble **cotización**.

Las pensiones de jubilación suponen por su parte la principal **partida de gastos** de la S.S. (más de la mitad en España).
Hay varios tipos de pensiones:
La pensión de jubilación normal es la que **cobran** los trabajadores a partir de la **edad de jubilación** de 65 años. Para cobrarla hay que haber **cotizado** un mínimo de 15 años **a la S.S.**
Además de la anterior, existe la **pensión de invalidez permanente**, que se puede cobrar a cualquier edad en caso de **incapacidad laboral**; la de **viudedad**, para cónyuges, y la de **orfandad**, para menores de edad que perdieron a sus padres.
Un tipo surgido en los últimos años es la pensión de **jubilación anticipada**, para **prejubilar** a trabajadores de 50 a 64 años cuyas empresas han sufrido **reconversiones**.
Otro tipo de pensión, no ligada a la cotización, es la **pensión asistencial** para personas mayores sin pensiones normales ni otros ingresos.

Gesundheitswesen und Alterspensionen

umfassende Sozialversicherung
(ab)decken; ärztliche Betreuung

geschützte Personen
Versicherte
Angehörige
sozialversichert sein
Einkommen

Leistungen

private Krankenversicherungen abschließen

Beitragsleistung

Ausgabenposten

beziehen
Pensionsalter
Sozialversicherungsbeiträge leisten
Invaliditätspension

Arbeitsunfähigkeit
Witwen-; Waisenpension

vorzeitige Alterspension;
vorzeitig pensionieren
Umstrukturierungen

Sozialpension

De los 6,5 millones de pensiones existentes en España en 1993, más del 60% eran inferiores al **salario mínimo interprofesional**. La escasa dotación de las pensiones, sus mínimos aumentos y la incertidumbre respecto al futuro (en la actualidad existen sólo 2,2 **cotizantes** por pensionista en España y la tendencia es decreciente) hacen que muchos trabajadores **subscriban fondos privados de pensiones** para disponer de ingresos adicionales tras la **jubilación**. [C.R.]

gesetzlicher Mindestlohn

Beitragszahler

private Pensionsversicherungen abschließen
Pensionierung

pensión (n.f.)
fam.: (ser un) pensionista (n.m./f.);
con.: pagar/recibir=cobrar una pensión (=cobrar el retiro=cobrar la jubilación); solicitar=tramitar/conceder una pensión; tener derecho a una pensión;
 la pensión asciende a X ptas.; la pensión tiene una dotación de X ptas.;
 pensión mínima; pensión de jubilación; de orfandad; de viudedad; de incapacidad=invalidez (laboral) temporal/permanente; pensión asistencial;
 el fondo de pensiones (*Pensionsfonds*); el plan de pensiones;

jubilación (n.f.)
fam.: jubilarse (v. reflexivo, *in Pension gehen*); jubilar a alguien (*pensionieren*); (ser un/estar) jubilado (adj.);
con.: recibir=cobrar la jubilación; solicitar la jubilación; tener derecho a una jubilación; pagar la cuota de jubilación;
 jubilación anticipada; jubilación voluntaria/forzosa; jubilación por edad;
 la edad de jubilación.

LA ECONOMÍA SUMERGIDA

Schattenwirtschaft

La economía sumergida, también conocida como economía paralela, clandestina o informal, recoge las actividades económicas de tipo clásico que se realizan en un país de forma ilegal, aunque contando en general con cierta tolerancia del Estado.
Actividades como el **contrabando** o el **tráfico de drogas** no forman parte de la economía sumergida, sino de la **delincuencia**.

Schmuggel
Drogenhandel
Kriminalität

La economía sumergida tiene evidentes ventajas, sobre todo para los **empresarios** que **emplean trabajadores** según este sistema:

Unternehmer; Arbeitnehmer einstellen

Por un lado no existe **contrato**, por lo que **el despido es libre**, por otro los **salarios** son más bajos que en la economía legal y además se suele pagar **a destajo**, es decir no por horas trabajadas, sino por producto producido o recogido, tampoco se **cotiza a la Seguridad Social** etc.
Todo esto conduce a que los costes en la economía sumergida sean más bajos que en la economía legal y, como además no se pagan **impuestos**, se originan enormes cantidades de **dinero negro**.

Vertrag; die Entlassung ist gesetzl. ungeregelt; Löhne nach Akkord

Sozialversicherungsbeiträge zahlen

Steuern
Schwarzgeld

El sistema no es muy ventajoso para los trabajadores, pero constituye una alternativa para aquellas personas que no pueden trabajar legalmente (como **menores** o **inmigrantes ilegales**), o que sólo desean un trabajo temporal, (como **amas de casa** o **jubilados**), también para **parados** con o sin **subsidio de desempleo**, e incluso para personas con trabajo regular como ingreso adicional.

Minderjährige; illegale Einwanderer; Hausfrauen Pensionisten; Arbeitslose; Arbeitslosenunterstützung

La economía sumergida es a primera vista negativa para el Estado, pero éste la suele tolerar por el beneficio que reporta a empresarios, trabajadores y a la **economía nacional**.

Volkswirtschaft

Está muy extendida en todos los países del sur de Europa. En España se calcula que más de dos millones de personas **trabajan a tiempo total o parcial** en este tipo de economía.

eine Voll- oder Teilzeit-
arbeit haben

La economía sumergida se da en todos los **sectores económicos**, pero sobre todo es muy importante en **ramas** como la **agricultura**, la **construcción**, la **industria ligera** (textil, calzado, juguetes ...), **servicios domésticos**, turísticos, y los relacionados con la reparación de productos (electricistas, fontaneros, mecánicos etc.).

Wirtschaftssektoren
Wirt.zweige; Land-,
Bauwirtschaft; Leichtindustrie; Dienstleistungen
im Haushalt

A esta última actividad se la conoce también como **chapuza** y, puesto que el trabajo realizado de esta manera no es siempre de la mejor calidad, la palabra tiene también el significado de trabajo mal hecho. [C.R.]

Pfusch

Los sectores más afectados por la economía sumergida

- Servicios domésticos
- Confección
- Industria del calzado
- Servicios personales
- Industria del cuero
- Agricultura
- Hostelería
- Comercio
- Textil
- Educación
- Construcción
- Reparación de automóviles y otros bienes de consumo

LA EMPRESA

Unternehmen

La empresa constituye el elemento central de la actividad económica. Tiene como función principal producir **bienes** o **servicios**, por lo que tiene que combinar y organizar los distintos **factores productivos** necesarios para ello. Estos factores son los **recursos naturales** (tierra, agua, energía, minerales), el **capital** (tanto **mobiliario**, por ej. sumas de dinero, como **inmobiliario**, por ej. terrenos o **maquinaria**) y el **trabajo**. Los que aportan el capital a la empresa reciben, según el punto de vista, el nombre de **propietarios, socios,** o **patronos**, mientras que los que aportan el trabajo son los **trabajadores** (**empleados** y **obreros**) que forman la **plantilla** de la empresa. La gran mayoría de las empresas se dedican a sus actividades de producción para **obtener un beneficio** que se deriva de la diferencia entre los **costes de producción** (por ej. precios de las **materias primas, alquileres, salarios**) y los **ingresos por la venta** de lo producido. Sin embargo, también existen las llamadas empresas **sin ánimo de lucro**, que no operan por motivos económicos sino sociales.

Hay muchas maneras de clasificar las empresas: La clasificación más cercana a la experiencia diaria es quizás la que agrupa las empresas según los **sectores económicos**. Pensemos en una granja (sector primario), una fábrica de muebles (sector secundario) y un restaurante (sector terciario).

Según su **forma jurídica** hay que diferenciar entre **empresas individuales** (con un solo propietario) y empresas con más de un propietario, las **sociedades**. Entre éstas las más típicas son:
- la **sociedad colectiva**,
- la **sociedad comanditaria**,
- la **sociedad de responsabilidad limitada**,
- la **sociedad anónima** así como
- la **cooperativa**.

Güter; Dienstleistungen

Produktionsfaktoren
natürliche Ressourcen
Geldkapital

Realkapital; Maschinenpark; Arbeit

Eigentümer; Gesellschafter, Arbeitgeber; Arbeitnehmer; Angestellte; Arbeiter; Belegschaft

einen Gewinn erzielen
Produktionskosten
Rohstoffe; Mieten
Löhne; Einnahmen aus dem Verkauf
gemeinnützig

Wirtschaftssektoren

Rechtsform
Einzelunternehmen

Gesellschaften
Offene Handelsges.
Kommanditgesellschaft
Ges. mit beschränkter Haftung; Aktienges.
Genossenschaft

Si el o los propietarios de la empresa son el
Estado u otra **corporación pública**, se habla de
empresa pública, si son personas privadas, de
empresa privada. Otros criterios de clasificación
serían el tamaño (**pequeñas y medianas empresas**, las pymes, y **grandes empresas**), su actuación en un solo país o en varios países (las
multinacionales), su relación con otras empresas (**holding, filial**, etc.).
Naturalmente la organización interna de la empresa variará según los distintos tipos descritos.
Sin embargo, en la mayoría de ellas se establecen departamentos de acuerdo con las distintas
funciones del proceso productivo: **aprovisionamiento, producción, distribución, contabilidad, dirección de personal**, etc.
Se denomina **empresario** a la persona que, además de poseer una parte o la totalidad de una
empresa, se implica directamente en la **gestión**
de la misma. [J.M./M.P./J.S.]

öffentliche Körperschaft
öffentliches Unternehmen; Privatunternehmen
Klein- und Mittelbetriebe
Großbetriebe

Multinationale Gesellsch.
Holding; Tochterges.

Beschaffung
Produktion; Vertrieb
Buchhaltung; Personalführung; Unternehmer

(Unternehmens-)Führung

empresa (n.f.) - sin.: firma (n.f.);
fam: emprender (v., *unternehmen*); empresario (n.m.); empresariado (n.m., *Unternehmerschaft*); empresarial (adj.); emprendedor (adj., *unternehmungslustig*);
con.: fundar=crear=montar/cerrar una empresa; hacerse socio de una... (*Gesellschafter werden*); invertir dinero en una....; participar en una... ; salirse=retirarse de una...; ampliar=aumentar/reducir el capital de una...; fusionar empresas;
empresa agrícola; artesana (*Handwerksbetrieb*); constructora (*Baufirma*); consultora (*Beratungsfirma*); comercial=mercantil (*Handelsbetrieb*); industrial; exportadora/importadora; proveedora (*Lieferfirma*); de seguros (*Versicherung*); de servicios;
empresa individual (*Einzelunternehmen*); familiar (*Familienbetrieb*); empresa privada/pública; empresa matriz (*Mutterfirma*)/filial (*Tochterfirma*); multinacional; gran empresa/pequeña y mediana empresa=pyme;
empresa deficitaria=con pérdidas (*Verlustbetrieb*); (in)solvente (*zahlungs(un)fähiger Betrieb*); fuerte=sólida; rentable;
empresa de carácter lucrativo=con ánimo de lucro/sin ánimo de lucro;
el propietario=el dueño de una...(*Firmeninhaber*); el gerente de la... (*Geschäftsführer*);
el personal=los trabajadores=la plantilla de una...(*Betriebspersonal*); un empleado de una... (*Angestellter*); el comité de... (*Betriebsrat*);
los estatutos de la... (*Satzung*); la memoria de la... (*Jahresbericht*); el balance de la... (*Geschäftsbilanz*); la auditoría de una... (*Prüfung*); las ganancias y las pérdidas de una...; la quiebra de una... (*Firmenbankrott*).

LA SOCIEDAD ANONIMA Y LA SOCIEDAD LIMITADA

Aktiengesellschaft und Gesellschaft mit beschränkter Haftung

Tanto la sociedad anónima (S.A.) como la sociedad limitada (S.L. - también llamada sociedad de responsabilidad limitada S.R.L.) son **sociedades mercantiles** en las que los **socios** tienen una responsabilidad limitada a las **aportaciones** efectuadas. Esto quiere decir que en caso de **quiebra** de la sociedad los socios sólo perderán el **patrimonio invertido** en la empresa. Por esta razón la mayoría de empresas se constituyen bajo alguna de estas dos formas de sociedad.
El conjunto de aportaciones de los socios se denomina **capital social**.

Handelsgesellschaften; Gesellschafter
Einlagen

Konkurs
investiertes Vermögen

Grundkapital (AG) - Stammkapital (GesmbH)

La sociedad anónima y la sociedad limitada se diferencian en varios puntos:
El capital social mínimo para constituir una sociedad anónima es actualmente de 10 millones de pesetas, en el caso de la sociedad limitada es de 500.000.
El número mínimo de socios para constituir una sociedad anónima es de tres sin límite superior, mientras que en una sociedad limitada el número de socios no puede ser inferior a dos ni superior a cincuenta.
De estas dos características ya se puede deducir que la forma de sociedad anónima se presta sobre todo para empresas que necesiten un volumen alto de capital que difícilmente puede ser aportado por un número reducido de socios.

Las aportaciones de los socios a las sociedades anónimas se realizan mediante la compra o **suscripción de acciones** que representan una fracción del capital y que pueden intercambiarse en los **mercados bursátiles** si las sociedades son admitidas en ellos.
En el caso de las sociedades limitadas las aportaciones se denominan **participaciones** y su

Aktienzeichnung

Börsen

Geschäftsanteile

intercambio no se realiza a través de mercados organizados.

La sociedad anónima se gobierna a través de una **junta general de accionistas** en la que están representados todos los socios. Normalmente se reúne una sola vez al año, **aprueba las cuentas**, decide el **reparto de beneficios** (**dividendo por acción**) y elige al **consejo de administración** que es el órgano responsable de la **gestión de la empresa**. Los miembros del consejo de administración, los **administradores**, también ostentan la representación de la sociedad **ante terceros**.

Hauptversammlung

die Entlastung erteilen
Gewinnausschüttung
Dividende pro Aktie;
Vorstand
Unternehmensführung
Vorstandsmitglieder

Dritten gegenüber

La legislación de países como Alemania y Austria contempla la existencia de un **consejo de vigilancia**, formado por representantes de la propiedad y de los trabajadores, que tiene como función principal la elección y el control del consejo de administración

Aufsichtsrat

La sociedad limitada tiene la misma estructura de gobierno que la sociedad anónima con una **junta de socios** que es el **órgano deliberante** y un **consejo de administración** que es el órgano de gestión y de representación de la sociedad. [J.M./J.S.]

Gesellschafterversammlung; Beratungsorgan; Geschäftsführung

LA SOCIEDAD COLECTIVA Y LA SOCIEDAD COMANDITARIA

La sociedad colectiva y la sociedad comanditaria (o en comandita) son dos tipos de **sociedades mercantiles** en las que la **responsabilidad** de algunos socios **por** la actuación de la empresa va más allá del **capital invertido** en ella. Esto quiere decir que, por ejemplo, en caso de **quiebra** de la sociedad los socios responden con todo su **patrimonio personal**.

La sociedad colectiva se constituye como mínimo con dos **socios** y sin límite superior. No hay un límite mínimo de **capital social**. Las **aportaciones** pueden ser en forma de capital (**socios capitalistas**) o en forma de trabajo (**socios industriales**). Sólo los primeros **responden** de forma ilimitada **de** las **pérdidas** de la empresa. Ambos participan en la **gestión social** y en el **reparto de los beneficios**.
Generalmente se constituyen en forma de sociedad colectiva empresas que necesiten muy poco capital y que puedan necesitar el trabajo en exclusiva de algunos socios con conocimientos específicos, como por ejemplo en el caso de una empresa que se dedique a la elaboración de programas informáticos.
La **razón social**, es decir el nombre de la empresa, se forma generalmente por el apellido de uno de los socios y se añade "**y Cía.**" (y compañía).

La sociedad comanditaria se caracteriza por tener dos tipos de socios con un estatuto sustancialmente distinto. Por una parte están los **socios colectivos** que tienen los mismos derechos y deberes que los socios capitalistas en la sociedad colectiva. Por otra parte aparecen los **socios comanditarios** que tienen una responsabilidad limitada a su aportación de capital pero están excluidos de la gestión de la sociedad, y no pueden representar a ésta **ante terceros**. De

---

Offene Handelsgesellschaft und Kommanditgesellschaft

Handelsgesellschaften
Haftung für

investiertes Kapital
Konkurs

persönlicher Besitz

Gesellschafter
Gesellschaftsvermögen;
Einlagen; Kapitalgesellschafter; Arbeitsgesellschafter; haften für Verluste
Unternehmensführung;
Gewinnausschüttung

Firmenname

& Co.

Komplementäre

Kommanditisten

Dritten gegenüber

esta manera la sociedad se asegura el capital social sin interferencias sobre la gestión que queda limitada a los socios colectivos.

El capital social mínimo para constituir una sociedad comanditaria depende de si se desea crear una Sociedad Comanditaria Simple donde el límite mínimo no existe al igual que en la sociedad colectiva, o si se desea crear una **Sociedad Comanditaria por Acciones** donde el límite mínimo es de diez millones de pesetas. En el caso de la sociedad comanditaria por acciones los títulos están únicamente en manos de los socios comanditarios que tienen de esta manera la gran ventaja de que pueden transmitirlos libremente.
 — Kommanditgesellschaft auf Aktien

La razón social de la empresa normalmente es el apellido de uno de los socios que siempre va acompañado de un "en comandita".

Una empresa típica constituida en forma de sociedad comanditaria son las **firmas de auditoría** (empresas que certifican que la **contabilidad** de una empresa refleja la realidad) donde el grupo de auditores fundador se constituye como socios colectivos y los empleados más destacados pasan a ser socios comanditarios. [J.M./J.S.]
 — Wirtschaftsprüfungsfirmen; Buchhaltung

LA SOCIEDAD COOPERATIVA Y LA SOCIEDAD ANONIMA LABORAL

Genossenschaft und Aktiengesellschaft unter Mitbeteiligung der Arbeitnehmer

La cooperativa y la sociedad anónima laboral son dos **formas de empresas** en las que los **socios** suelen trabajar dentro de la propia empresa.

Unternehmensformen
Gesellschafter

Una cooperativa normalmente **se funda** cuando una serie de personas se unen para **satisfacer intereses o necesidades** comunes.
Por ej. puede surgir una **cooperativa de consumo** cuando varios consumidores deciden asociarse para mejorar sus **condiciones de compra**.
En el momento de la **constitución** se precisan como mínimo cinco **socios** que deberán **hacer una aportación** para formar el capital de la cooperativa. El capital aportado por los socios no tiene límite inferior. Esta aportación puede **devengar intereses** y puede recuperarse cuando un socio sale de la cooperativa. Entre los órganos que estructuran la cooperativa destaca la **asamblea general** que elige un **consejo rector**. Después de deducir de los resultados los **impuestos** y la suma destinada a **reservas**, el **beneficio** de una cooperativa (el excedente) se reparte entre los socios (lo que se llama el **retorno cooperativo**) en proporción a las actividades que cada uno ha realizado en ella y no en función de su aportación.

gegründet werden
Interessen od. Bedürfnisse befriedigen
Verbrauchergenossenschaft
Kaufbedingungen

Gründung
Genossen; e. Geldeinlage erbringen

Zinsen abwerfen

Generalversammlung
Vorstand
Steuern; Rücklagen
Gewinn

Rückvergütung

Las cooperativas tienen una larga historia y pretenden fomentar la asociación de los **menos favorecidos**. Sin embargo, no todas las empresas dirigidas por los propios trabajadores tienen una estructura de cooperativa. En España existen las llamadas Sociedades Anónimas Laborales en las que los trabajadores controlan el **capital social**.

Unterprivilegierteste

Grundkapital

Las Sociedades Anónimas Laborales (S.A.L.) se constituyen con un mínimo de 3 **socios** y al menos el 51% del capital social ha de pertenecer a los trabajadores que **prestan sus servicios** en la empresa. Para mantener la **representación de los trabajadores** las **participaciones** de los socios en el capital se formalizarán mediante **acciones nominativas**. Como es sociedad anónima **los socios responden limitadamente** con el capital invertido en la compañía y los **órganos de gestión y deliberación** también tendrán la misma estructura que en una S.A.
Para que las S.A.L. mantengan su denominación el número de trabajadores con **contrato laboral indefinido** y que no tengan acciones no podrá ser superior al 15% del total de socios trabajadores (excepto en las S.A.L. constituidas por menos de 25 trabajadores en los que el porcentaje máximo será del 25%). [J.M./J.S.]

Gesellschafter

ihre Arbeit verrichten
Vertretung der Arbeitnehmer; Anteile

Namensaktien
die Haftung der Gesellschafter beschränkt sich auf; Führungs- u.- Beratungsorgane

unbeschränkter Arbeitsvertrag

cooperativa (n.f.)
sin.: sociedad cooperativa;
fam.: cooperar (v., mitarbeiten); cooperativizar (v., vergenossenschaften); cooperación (n.f., Mitarbeit); cooperativismo (n.m.); cooperativista (n.f., Genossenschaftsmitglied; adj.);
con.: fundar=crear/disolver una cooperativa; hacerse socio de una cooperativa; cooperativa agrícola=de agricultores (landwirtschaftliche Genossenschaft); ganadera=de ganaderos (Zuchtgenossenschaft); de producción (Produktionsgenossenschaft); de fabricantes (Erzeugergenossenschaft); industrial (gewerbliche Genossenschaft); obrera=de obreros (Arbeitergenossenschaft); de compras (Einkaufsgenossenschaft); de consumo=de consumidores (Verbrauchergenossenschaft); de distribución=de ventas (Vertriebsgenossenschaft); de construcción de viviendas (Wohnbaugenossenschaft); de crédito (Kreditgenossenschaft);
ser miembro de una cooperativa;
la distribución=la venta por cooperativas (Genossenschaftsvertrieb).

LA CONTABILIDAD, EL BALANCE Y LA CUENTA DE PÉRDIDAS Y GANANCIAS

Buchhaltung, Bilanz und Gewinn- und Verlustrechnung

Dentro de una empresa la contabilidad sirve para registrar las operaciones efectuadas por la empresa y, de esta manera, determinar sus resultados. El objetivo final de este registro consiste en mostrar la **situación patrimonial** de la sociedad. Es decir, se intenta conocer los **bienes**, los **derechos** y las **deudas** que tiene la empresa en un momento dado. Así, una contabilidad bien llevada permitirá a cualquier persona seguir las operaciones que ha realizado la empresa durante un periodo determinado, conocer el valor de estas transacciones y saber los resultados positivos o negativos de las mismas. Aparte de que la contabilidad es una **exigencia legal**, la propia empresa ha de ser la más interesada en su realización porque la contabilidad es una fuente de información imprescindible para una buena **gestión**. Además, todas las personas interesadas en la situación de la empresa, como por ej. sus **accionistas** y **acreedores**, realizan sus análisis sobre los **datos contables**.

Los principales documentos que produce la contabilidad son el **balance del ejercicio** y la cuenta de pérdidas y ganancias.

El balance del ejercicio de una empresa relaciona todo lo que ésta **posee** (los **activos**) con todo lo que **debe** (los **pasivos**).

Puesto que todo lo que la empresa posee lo ha tenido que financiar, la suma de los activos debe coincidir con la suma de los pasivos (que son todos los **recursos financieros** obtenidos por la empresa incluidos los **fondos propios** que constituyen una **deuda** con los **socios** de la empresa). El balance no muestra cómo se han generado las pérdidas o los **beneficios** de una empresa, sino cómo ha financiado la empresa sus actividades. Indica la **estructura del capital** de la empresa separando la **financiación propia** de

Vermögenssituation
Güter; Ansprüche; Schulden

gesetzliches Erfordernis

(Unternehmens-)Führung

Aktionäre; Gläubiger
buchhalterische Angaben

Jahresbilanz

besitzen; Aktiva
schulden; Passiva

finanzielle Mittel
Eigenmittel
Schuld; Gesellschafter

Gewinne

Kapitalstruktur
Eigenfinanzierung

la **financiación ajena**. Asimismo, refleja el empleo de los recursos en **inversiones a largo, medio y corto plazo**.
Para conocer los **resultados** de la empresa hay que mirar la cuenta de pérdidas y ganancias. En esta cuenta se registran todos los **ingresos y** todos los **gastos en los que ha incurrido la empresa** durante el **ejercicio**. La diferencia entre ellos da el volumen de la ganancia o de la pérdida de las operaciones que ha realizado la empresa.
Los **resultados** de la empresa se suelen diferenciar entre **ordinarios** y **extraordinarios**. Los primeros provienen del **propio negocio** de la empresa más los resultados de la actividad financiera (por ej. **pago** y **cobro de intereses**). Los resultados extraordinarios son los generados por operaciones de compra y venta no previstas en los objetivos de la empresa (por ej. compra o venta de un terreno, que no se utiliza para la propia actividad de la empresa). [J.M./J.S.]

Fremdfinanzierung
lang-, mittel- und kurzfristige Investitionen
Ergebnisse

Einnahmen und Ausgaben, die das Unternehmen getätigt hat; Geschäftsjahr

Ergeb. d. ordentl./außerordentl. (Geschäftstätigkeit); ordentliche Geschäftstätigkeit
Zinszahlungen, -einnahmen

contabilidad (n.f.)
sin: teneduría de cuentas (n.f., arcaico)
fam.: contar (v.); contabilizar (v., *verbuchen*); contable (adj., n.m. *Buchhalter*);
con: llevar la contabilidad (*die Buchhaltung führen*); presentar la contabilidad; aprobar la contabilidad (*die Buchhaltung billigen*); falsear=manipular=maquillar la contabilidad (*die Buchhaltung frisieren*);
    la contabilidad por partida doble/simple (*doppelte/einfache Buchführung*); la contabilidad nacional (*volkswirtschaftliche Gesamtrechnung*);

balance (n.m.)
fam.: balanza (de pagos, n.f., *Zahlungsbilanz*)
con: confeccionar=hacer un balance (*e. Bilanz aufstellen*);
    balance equilibrado (*ausgeglichene Bilanz*), consolidado (*konsolidierte Bilanz*);
    los análisis de balances (*Bilanzanalysen*); el examen del balance (*Bilanzprüfung*).

LA FACTURACIÓN, LA CIFRA DE VENTAS, LA CIFRA DE NEGOCIOS Y EL BENEFICIO

Umsatz, Absatz, Umsatzerlös und Gewinn

La facturación, la cifra (o el volumen) de ventas y la cifra de negocios son indicadores de la dimensión de las actividades comerciales de una empresa.

La facturación es la suma de los **importes totales** de todas las **facturas emitidas** durante un periodo de tiempo (normalmente durante un **ejercicio**). Esto quiere decir que incluye tanto el **importe final** (deducidos ya los **descuentos** de los productos) como el **IVA repercutido**. No están considerados los **descuentos por pronto pago**.

Gesamtbeträge
ausgestellte Rechnungen

Geschäftsjahr
Endpreis; Preisnachlässe
Mehrwertsteueraufschlag
Skonti

La facturación no implica que la empresa haya **ingresado** todo este volumen de dinero, puesto que no todas las facturas **se cobran al contado**. Por otra parte, si la empresa lleva al **descuento** las **letras de cambio** o los **instrumentos de pago** que utilice el cliente, el volumen ingresado resulta disminuido.

einnehmen
in bar kassiert werden
Diskontierung
Wechsel; Zahlungsmittel

La cifra o el volumen de ventas no tiene por qué coincidir con la cifra de facturación, dado que la información con la que se elabora es la contenida en los **pedidos** y no en las facturas. Sin embargo, las diferencias entre lo pedido y lo facturado deben ser mínimas y se explican en primer lugar por **retrasos en la entrega** de la **mercancía**. Además no todos los pedidos del ejercicio tienen su correspondiente factura, sino que algunos se facturan en el ejercicio siguiente.
De ahí que muchas veces se complete la información suministrada por la facturación con la **cartera de pedidos pendientes de entrega**.

Aufträge

Lieferverzögerung; Ware

noch nicht erfüllter Auftragsbestand

Un concepto muy parecido al de facturación es el de la cifra de negocios, que es el utilizado en la **contabilidad**.

Buchhaltung

La cifra de negocios se contempla como el volumen de ingresos que ha logrado la empresa durante un ejercicio por la venta de cualquier tipo de bien o prestación de servicio propios del **objeto social de la empresa** (por ej. en una **empresa minera** la venta del mobiliario anticuado no es el **negocio propio** de la compañía). Para calcular este importe se toman en consideración las ventas de **productos terminados, semielaborados, residuos, embalajes**, etc. La cifra de negocios se obtiene de la suma de los importes totales de las facturas pero, a diferencia de la facturación, se deducen los impuestos, los descuentos por pronto pago y las **devoluciones**.

Geschäftsbereich des Unternehmens; Bergwerksbetrieb
ordentliche Geschäftstätigkeit
Fertig-, Halbfertigwaren; Abfallprodukte; Verpakkungen

Rückvergütungen

Dada la gran proximidad entre los tres conceptos parece que muchos autores tienden a utilizar estos términos de forma indiscriminada en sus textos. De todas formas no debe confundirse ninguno de ellos con el de beneficio. El resultado obtenido por la empresa tras deducir de sus **ingresos** los **gastos** puede ser negativo o positivo. El el primer caso se habla de **pérdidas**, en el segundo de **ganancias**. Estas últimas son los **beneficios brutos** de la empresa. Si de ellos se deducen los **impuestos** y las **amortizaciones** se llega al **beneficio neto**, es decir, lo que realmente ha ganado la empresa. [J.M./J.S.]

Einnahmen; Ausgaben
Verlust
Gewinne
Bruttogewinne
Steuern; Abschreibungen
Reingewinn

facturación (n.f.)
sin: cifra de facturación;
fam.: factura (n.f.); facturar (v.);
con.: véase "cifra de ventas";

cifra de ventas (n.f.)
sin: ventas (n.f.); volumen (n.m.) de ventas;
con.: la cifra de ventas sube=aumenta=mejora=se incrementa/disminuye=cae;
    el desarrollo=la evolución de la cifra de ventas; el aumento/la disminución=el descenso
    de la cifra de ventas;
    cifra de ventas anual.

LAS AMORTIZACIONES Y EL CASH-FLOW

Abschreibungen und Cash-Flow

En el lenguaje económico el término amortización tiene dos significados destacados:
Desde una perspectiva financiera la **amortización** consiste en una **devolución** de una suma de capitales prestados, es decir en la devolución del **principal de un crédito**.
En **contabilidad**, sin embargo, la amortización se refiere a la **depreciación** o **pérdida de valor** de un **bien**. Cuando una empresa compra un bien (por ej. una máquina), en el **balance** de la empresa aparece el valor de este bien **al precio de compra**. En los siguientes **ejercicios** no sería lógico que la empresa continuase **valorando** ese bien por su **valor de adquisición**. Su uso, la aparición de nuevos bienes de una calidad superior etc., son factores que disminuyen el valor de dicho bien. Por tanto, esta pérdida debe tenerse en cuenta cuando se establecen los **resultados de la empresa**. Si no se tiene en cuenta, al final de la **vida útil** de este bien la empresa no habrá **ahorrado** suficientes **fondos** como para sustituirlo. En consecuencia el importe de las amortizaciones se considera **gasto** en la contabilidad, por lo que reducen los **beneficios** de la empresa. Legalmente se establecen **plazos** y reglas para determinar la pérdida de valor de los bienes, es decir el valor de las **cuotas de amortización**. Estas disposiciones legales tienen una clara **finalidad fiscal**, ya que impiden reducciones exageradas de los beneficios sobre los que se calcula el **impuesto de sociedades**.
De todo lo dicho hasta ahora se desprende que una correcta **gestión empresarial** ha de obtener los recursos suficientes para sustituir todas sus **inversiones** al final de su vida útil. También se entiende que los beneficios declarados en la **cuenta de pérdidas y ganancias** no dan una idea completa de la capacidad de generar recursos que tiene la empresa, puesto que en ella los

Tilgung
Rückerstattung

Kreditsumme
Buchhaltung
Wertverminderung; Wertverlust; Gut
Bilanz
zum Kaufpreis
Geschäftsjahre
bewerten
Anschaffungswert

Betriebsergebnisse

Lebensdauer
sparen; Mittel

Ausgabe
Gewinne
Fristen

Abschreibungsquoten

steuerlicher Zweck

Körperschaftssteuer

Unternehmensführung

Investitionen

Gewinn- und Verlustrechnung

beneficios ya han sido reducidos por las cantidades dedicadas a **amortizar** los **bienes de producción**. Es precisamente ahí donde entra el concepto de cash-flow.

El término cash-flow (flujo de caja) se define como la suma de los **beneficios netos** más las amortizaciones. Cuando intentamos valorar una empresa no se contemplan sólo los beneficios, sino también el flujo de caja que ésta es capaz de generar. Una empresa con beneficios muy pequeños no tiene por qué ser una empresa mal gestionada o con malas perspectivas si ha generado suficiente dinero como para amortizar sus inversiones. De esta manera el cash-flow es un indicador de la vitalidad de las empresas que complementa las informaciones que dan el balance y la cuenta de pérdidas y ganancias. [J.M./-J.S.]

abschreiben; Produktionsgüter

Reingewinne

EL CASH-FLOW

Ingresos por ventas	Gastos (materias primas, mano de obra ...)	
	Impuestos	
	Amortizaciones	Cash-flow (Autofinanciación)
	Beneficios netos	

LA COMPETITIVIDAD Y LA PRODUCTIVIDAD

Konkurrenzfähigkeit; Produktivität

Muchas veces, de una empresa que se encuentra en una situación delicada se dice que no es **competitiva** y que la solución de sus problemas pasa por una mejora de su competitividad. Pero ¿qué se entiende por competitividad de una empresa?

konkurrenzfähig

El término "competitividad" hace referencia a la capacidad de la empresa para mantenerse en un mercado en el que tiene que enfrentarse a la **competencia** de otras empresas. **Cuanto más competitivo sea el mercado**, es decir, cuanto más amplia sea la **oferta** de los productos en un mercado, tanto mayor deberá ser la competitividad propia para **captar la demanda**. Por lo tanto, depende de las condiciones del mercado, sobre todo de la actuación de las otras compañías, el que una empresa pueda considerarse competitiva. No existe ninguna medida absoluta para determinar el grado de competitividad necesario. La competitividad exigida a la empresa se analiza a partir de la **estructura de costes**, la **política de precios** y otras variables (calidad de los productos, niveles de publicidad, etc.) con las que ésta puede **entrar y mantenerse en el mercado**.

Konkurrenz; je mehr Konkurrenz im Markt herrscht
Angebot

die Nachfrage anziehen

Kostengestaltung
Preispolitik

in den Markt eintreten und sich darin behaupten

Para mejorar la estructura de costes es necesario **sostener o ampliar los niveles de producción** de la empresa **reduciendo o conteniendo** al mismo tiempo **los gastos**. De esta manera, la empresa utiliza los mismos **recursos**, pero genera una producción mayor o, dicho de otra manera, aumenta su productividad. El término productividad relaciona el **volumen de producción** de la empresa con los **factores** utilizados en la misma. La producción en el sentido de output de un **proceso productivo** es una medida absoluta que permite comparar las empresas sólo por el número de **productos**

das Produktionsniveau halten oder ausweiten;
die Ausgaben vermindern oder in Grenzen halten;
Ressourcen

Produktionsvolumen
(Produktions-)Faktoren

Produktionsprozeß

angebotene Produkte

ofertados en el mercado. La productividad, en cambio, es una medida que pone en relación esa producción con factores como el **número de horas trabajadas**, el **capital invertido**, las **materias primas** utilizadas, etc. Con este tipo de medida relativa se intenta comparar las empresas no por el volumen final, sino por la correcta **gestión** de los inputs.

Zahl der Arbeitsstunden
investiertes Kapital
Rohstoffe

Handhabung

¿Cuáles son las medidas que puede adoptar una empresa para mejorar su productividad? Tradicionalmente los aumentos de productividad más significativos surgen de la **sustitución del factor trabajo por el factor capital**. Esto quiere decir que se sustituye **mano de obra** por **maquinaria**. De esta manera se intenta reducir los **costes laborales** mediante la aplicación de nuevos **sistemas de producción con un rendimiento mayor**. De ahí que muchas empresas con una elevada productividad y a la vez con un alto nivel de competitividad se caractericen por un uso intensivo del capital, por lo que se dice que son **capital-intensivas**. [J.M./J.S.]

Ersatz des Faktors Arbeit
durch den Faktor Kapital;
Arbeitskräfte
Maschinen
Arbeitskosten
Produktionssysteme mit
höherer Leistung

kapitalintensiv

competencia (n.f.)
fam.: competir (v., *konkurrieren*); competición (n.f., *Wettbewerb* - z.B. *Sport*); competitividad (n.f.); competidor (n.m., *Konkurrent*); (ser) competitivo (adj.);
con.: la competencia aumenta/disminuye; hacer la... a alguien=estar en competencia con alguien; hacerse la competencia (*sich gegenseitig Konkurrenz machen*); adelantarse a la competencia (*der Konkurrenz zuvorkommen*); eliminar la competencia del mercado; no tener competencia;
competencia desleal (*unlauterer Wettbewerb*); fuerte competencia;
competitividad: mantener la competitividad; mejorar la competitividad.;

productividad (n.f.)
fam.: producir (v.); producción (n.f.); producto (n.m.); productor (n.m.); (ser) productivo (adj.);
con.: la productividad aumenta/se mantiene/disminuye;
la productividad del trabajo (*Arbeitsproduktivität*); la productividad máxima/media/mínima;
el aumento=el incremento de la productividad; el desarrollo de la productividad (*Produktivitätsentwicklung*); la tasa de productividad (*Produktivitätsrate*); la prima de productividad (*Produktivitätsprämie*).

LAS CONCENTRACIONES EMPRESARIALES

En la vida de muchas empresas llega el momento en el que por la **expansión de su negocio** se plantea la necesidad de buscar una forma de colaboración con otras empresas. Esta colaboración puede tener estructuras muy diversas, pero el fin último es mejorar la posición de la empresa en el mercado. Se intenta conseguir una **reducción de costes** mediante un incremento de la **dimensión de la empresa**.

La estructura más típica es la de un **grupo empresarial**. Se caracteriza por tener una **sociedad holding** que controla el **capital** de las distintas **empresas filiales**. Este control se realiza normalmente mediante la **adquisición** de una parte decisiva de las **acciones** de las distintas sociedades del grupo. En este caso el holding tiene la estructura de una **sociedad de cartera**, también llamada sociedad anónima de inversión mobiliaria. Esto es, una empresa cuyo **activo** está formado por **una cartera de valores**, principalmente las acciones de las sociedades filiales.

Otra forma de control consiste en que el holding sea el principal **acreedor** de las empresas que forman el grupo mediante la **concesión de préstamos**, **suscripción de empréstitos**, etc.

Aparte del grupo empresarial, en el que las distintas empresas pierden su independencia en favor de la **casa matriz**, existen otras formas de colaboración empresarial que permiten a las distintas sociedades mantener su autonomía.

El **cártel**, una colaboración de empresas del mismo **sector** y de similar dimensión, sirve en primer lugar para limitar o impedir una **situación de competencia**. Por esta razón, muchas veces conduce a prácticas monopolísticas.

Unternehmenskonzentrationen

Ausweitung ihres Geschäftsbereichs

Kostenverringerung

Unternehmensgröße

Konzern
Holdinggesellschaft
Kapital
Tochterfirmen
Erwerb
Aktien

Beteiligungsgesellschaft

Vermögen
Wertpapierbestand

Gläubiger
Gewährung von Darlehen; Zeichnung von Anleihen

Muttergesellschaft

Kartell
Branche
Konkurrenzsituation

El **consorcio** implica el **acuerdo** de empresas de muy distintos sectores y dimensiones para ejecutar un proyecto empresarial concreto. Muchas veces se trata de desarrollar proyectos internacionales que necesitan la **colaboración** de empresas con especializaciones muy concretas. Un ejemplo típico son los consorcios europeos para el desarrollo de aviones, satélites, etc.

La **joint-venture** supone la colaboración entre dos (a veces más) empresas para llevar a cabo la producción y **comercialización** de un determinado producto. Es una forma tradicional de **penetración en mercados nuevos** en los que una firma productora extranjera se une con una empresa nacional que conoce bien el mercado, pero no dispone de los medios de producción necesarios. Se diferencia de las puras **relaciones comerciales** de **importación** y **exportación** en que la empresa nacional se hace cargo de la producción. La tarea de la empresa extranjera consiste en primer lugar en **suministrar** la tecnología, encargarse de la **formación de la mano de obra** y de las estructuras organizativas. [J.M./J.S.]

Konsortium; Übereinkommen

Zusammenarbeit

Joint-Venture

Vermarktung

Eindringen in neue Märkte

Handelsbeziehungen
Import; Export

liefern
Ausbildung der Arbeitskräfte

LA ADQUISICIÓN Y FUSIÓN DE EMPRESAS

En el mundo empresarial existen motivos muy diversos (sobre todo los relacionados con la buena o mala marcha de la empresa, pero también organizativos, **fiscales**, etc.) para que una empresa se plantee su unión con otra u otras empresas.

Si una empresa quiere influir en otra puede decidir adquirir una parte o la totalidad de la misma. Normalmente esta adquisición se realiza mediante la compra de un **paquete de acciones**. En España, cuando este paquete supera el 25% del **capital social** de la empresa que se quiere comprar, es necesario hacer una **oferta pública de adquisición de acciones** (OPA). Este proceso, diseñado principalmente para las compañías que **cotizan en bolsa**, consiste en que la compañía compradora notifica a los **accionistas** de la empresa que desea adquirir el precio y los **plazos** en que éstos pueden vender sus acciones. Normalmente esto supone la **suspensión temporal de la cotización en bolsa** de estas acciones.
La compañía compradora de esta manera se convierte en **socio** de la otra compañía con todos los derechos que esto implica.
Incluso en el caso de una **adquisición total** la empresa comprada no desaparece. Puede seguir realizando sus actividades, pero estará bajo el control de la primera.

Si, además de comprar la totalidad de las **participaciones** de otra empresa, la sociedad compradora decide suprimir toda la organización de la compañía adquirida incorporándola a la suya propia, se habla de una **absorción**. La sociedad absorbente se hace cargo de todos los derechos y deberes de la sociedad absorbida.

Übernahme und Fusionierung von Betrieben

steuerlich

Aktienpaket
Grundkapital
öffentl. Übernahmeangebot

an d. Börse notieren
Aktionäre
Fristen

befristete Aussetzung d. Börsennotierung

Gesellschafter

Komplettübernahme

Anteile

Absorption

La fusión de dos o más empresas implica la formación de una nueva compañía (con nombre y organización distintos). Ésta tendrá un capital social formado por las **aportaciones** de los accionistas de las respectivas compañías fusionadas, es decir, se suman los capitales sociales de las dos empresas. La nueva sociedad no tiene por qué tener el capital dividido en partes iguales (el 50% cada empresa). Antes de la fusión se realiza una valoración de cada una de las compañías que determina la proporción y el peso en los **órganos de gobierno** de la nueva sociedad. Como consecuencia de este proceso de valoración, una empresa con menor capital social pero con mejores resultados o mejores perspectivas puede conseguir relativamente más influencia en la **dirección de la sociedad** resultante.
A veces, las fusiones se realizan dentro del mismo **grupo empresarial**. En este caso, aparte de las razones de tipo organizativo, podemos destacar la intención de conseguir ciertas **ventajas fiscales** u otras ayudas de los organismos oficiales. En muchos países, para **incentivar la creación de empresas** de gran dimensión, se ofrecen apoyos financieros a la fusión de **pequeñas y medianas empresas** (pymes).

El proceso inverso de la fusión sería el de **segregación** de una empresa en dos o más sociedades. Normalmente se procede a una segregación cuando existen dentro de la empresa **divisiones** con cierta autonomía y cuando de esta manera se puede mejorar la presentación de los resultados. Muchas veces, cuando una división de la empresa está en crisis, para no perjudicar a las restantes, se intenta separar **las cuentas de pérdidas y ganancias** formando varias sociedades. [J.M./J.S.]

Einlagen

leitende Organe

Leitung der Gesellschaft
Konzern

steuerliche Vorteile

Anreiz schaffen für Unternehmensgründung; Klein- u. Mittelbetriebe

Zergliederung

Abteilungen

Gewinn- und Verlustrechnung

EL MARKETING

El marketing es una función muy importante dentro de la actividad empresarial porque afecta a una gran variedad de aspectos que abarcan desde la decisión sobre qué producir hasta los **servicios postventa**.
A los responsables de marketing se les exige que organicen todas las actividades necesarias para satisfacer las necesidades de los **clientes** de forma rentable para la empresa.
Esto implica que primero hay que identificar esas necesidades, después satisfacerlas y, si es posible, anticiparse a productos similares de la **competencia**.
En consecuencia, en el marketing hay unas tareas destinadas a la **investigación de mercados** por las que los **consumidores** son analizados a través del estudio de los distintos grupos sociales. Entre las distintas técnicas de estudio utilizadas con este fin (tests, simulaciones, **entrevistas**, etc.) destaca la **encuesta**. El diseño de los **cuestionarios** de estas encuestas debe guiar a los investigadores hacia la localización del **segmento de mercado** donde se encuentran los consumidores con las necesidades que pueden ser **cubiertas** por la empresa. Estos consumidores forman el **público objetivo** y conocer sus **hábitos de compra**, sus gustos, etc. es de gran importancia para **diseñar** el producto o servicio adecuado, que es otra de las tareas encargadas a un **departamento de marketing**.
Además de un cuidadoso diseño del producto, el marketing debe organizar también las **campañas de publicidad** escogiendo los **soportes** (radio, televisión, periódicos, **vallas**, etc.) con los que **impactar al** público objetivo.
A todo esto hay que añadir un elemento importante que los responsables de marketing han de descubrir en sus investigaciones: ¿Cuál es el precio que ese público está dispuesto a pagar para satisfacer su necesidad? Naturalmente, tras

Kundendienst

Kunden

Konkurrenz

Marktforschung
Verbraucher

Interview
Umfrage
Fragebögen

Marktsegment

gedeckt
Zielgruppe
Kaufgewohnheiten
entwerfen

Marketingabteilung

Werbekampagnen
Werbeträger
Plakatflächen
Wirkung erzielen bei

muchas investigaciones de marketing no se llega a desarrollar ese producto o servicio si la producción de éste tiene unos costes que no permiten su **comercialización**. Para llegar a los consumidores el producto, aparte de estar bien diseñado, bien **comunicado**, y tener un precio adecuado, debe estar bien **distribuido** o no logrará venderse. La elección de los **canales de distribución** a los cuales suele acudir el público objetivo y la **penetración** en éstos de nuestro producto o servicio ayudará en gran medida al éxito en el **lanzamiento** del producto.
Pero las tareas de marketing no se acaban con el lanzamiento, puesto que el producto o servicio debe cuidarse comparándolo continuamente con los de la competencia y las preferencias de los consumidores. Estas comparaciones permiten a la empresa decidir variaciones de precios, de diseño, de distribución, etc. para alargar la vida del producto.
Todos estos elementos y otros más son estudiados por los responsables de marketing y con ellos elaboran el **plan de marketing**. La correcta combinación de estos factores se denomina **marketing mix**. [J.M./J.S.]

Vermarktung

hier: beworben
vertrieben

Distributionskanäle
Eindringen

Markteinführung

Marketingplanung

Marketing-Mix

marketing (n.m.)
sin.: mercadeo (n.m.); mercadotecnia (n.f.; sobre todo en México); comercialización (n.f.);
con.: marketing empresarial: directo; estratégico; de productos; de servicios; financiero; industrial; multinacional/internacional;
  marketing no empresarial: de instituciones no lucrativas (*nicht auf Erwerb gerichtete Institutionen*); social; político;
  el departamento de marketing; la agencia de marketing; el presupuesto de marketing (*Budget*); el plan de marketing; las estrategias de marketing; la campaña de marketing; el telemarketing; el marketing mix.

EL BANCO
Bank

Los bancos se consideran tradicionalmente **intermediarios** entre los **poseedores de capital** que desean encontrar una forma de **inversión**, y los **solicitantes de capital** que necesitan de éstos para financiar sus actividades. Por tanto, su función más característica es la de convertir el **ahorro** en **préstamos**. Presta tanto **fondos** que le pertenecen como fondos que ha recibido **en depósito** con la facultad de disponer temporalmente de ellos.

Vermittler; Kapitaleigner
Investition
Kapitalnachfrager

Spargelder; Darlehen;
Mittel
als Einlage

Las operaciones bancarias se clasifican en:
- **operaciones de activo** (la **concesión de créditos y préstamos**, el **descuento de letras de cambio**)
- **operaciones de pasivo** (**captación de ahorro mediante depósitos bancarios**).

Aktivgeschäfte; Kredit- u. Darlehensgewährung; Wechseldiskontierung
Passivgesch.; Beschaffung von Spargeldern mittels Bankeinlagen;

Los **beneficios** de los negocios bancarios derivan de la diferencia entre lo que **cobra** por las operaciones de activo y lo que paga a los ahorradores por sus depósitos bancarios. Tanto unos como otros se denominan comúnmente **intereses**. Estos se expresan normalmente en porcentajes, por lo que se habla del **tipo de interés**.

Gewinne
einnehmen

Zinsen

Zinssatz

De lo que se ha dicho hasta ahora se desprende que los bancos se dedican básicamente a comprar y vender dinero (el uso del dinero), razón por la cual el tipo de interés también se denomina el **precio del dinero**.

Geldpreis

Dado que los depósitos bancarios no van a retirarse todos de golpe en el mismo momento el banco no tiene que mantener todo ese dinero **en caja**. Dejando una pequeña parte de estos depósitos para atender a los clientes dispone del resto para la **concesión de créditos**. Este proceso, denominado "**crear dinero**", se puede entender de la manera siguiente: Un ahorrador **ingresa** su dinero en el banco. Al mismo tiempo **un empresario solicita un crédito** que le es **concedido**

in der Kasse

Gewährung von Krediten
Geld schöpfen
einzahlen
in Unternehmer beantragt
einen Kredit; gewährt

por el banco, que para satisfacer la solicitud recurre a los ahorros que acaban de **depositarse**. Así pues, la misma suma de dinero existe en forma de depósito (para el ahorrador) y en forma de crédito (para el empresario), con lo que se ha duplicado esta suma. Lógicamente este dinero sólo existe en la **contabilidad** y no en forma de **billetes de banco**.

einzahlen

Buchhaltung
Banknoten

Aparte de estas funciones básicas, los bancos ofrecen toda una serie de servicios, así por ej.:
- **operaciones de cambio (compraventa de moneda extranjera)**,
- **operaciones de giro (transferencias bancarias)**,
- **emisión de medios de pago (cheques, cheques de viaje, tarjetas de crédito)**, etc.

[M.S.]

Geldwechsel; An- und Verkauf ausl. Geldes
Girogeschäft; Banküberweisungen
Ausgabe von Zahlungsmitteln; Schecks; Reisechecks; Kreditkarten

---

banco (n.m.)
fam.: banca (n.f., *Bankensystem*); banquero (n.m., *Bankier*); bancario (adj.);
con.: el banco concede=otorga/niega créditos; ofrece servicios; cobra una comisión por los servicios;
banco de comercio=comercial; de crédito (agrícola; industrial; inmobiliario...); de desarrollo; hipotecario; banco público=estatal=del Estado/privado;
banco central=emisor (*Zentralbank*);
el director de banco; el empleado de banco; el cajero del banco;
la sucursal=la oficina del banco (*Bankfiliale*);
los billetes de banco;
banca: extranjera; internacional; privada; la banca de un país; el poder de la banca;
bancario: la cuenta bancaria=el depósito bancario (*Bankkonto*); el tipo de interés bancario; el giro bancario=la transferencia bancaria (*Banküberweisung*); las operaciones bancarias (*Bankgeschäfte*); el sistema bancario.

LA CAJA DE AHORROS

Sparkasse

Se entiende por caja de ahorros una institución financiera **no lucrativa**, cuyo objeto es **el fomento del ahorro**. A diferencia de los bancos no tiene una estructura de **sociedad anónima** con su capital dividido en **acciones**.

gemeinnützig; Förderung der Spartätigkeit
Aktiengesellschaft
Aktien

Las cajas de ahorros en España surgen de la iniciativa de **asociaciones profesionales, fundaciones**, o **ayuntamientos, diputaciones provinciales** o **comunidades autónomas**.
Históricamente estaban especializadas en ofrecer **servicios financieros** a pequeños **ahorradores**, sobre todo **fondos de pensiones** y **préstamos hipotecarios**.
Para **captar recursos** ofrecían un **tipo de interés** más elevado que el de **la banca comercial**.

Berufsverbände; Stiftungen; Gemeinden; Provinzregierungen; Autonome Regionen
Finanzdienstleistungen; Sparer; Pensionsfonds
Hypothekarkredite
Mittel aufbringen; Zinssatz; Kommerzbankwesen

Sin embargo, en la actualidad realizan las mismas operaciones y con las mismas condiciones que cualquier otro banco. Por lo tanto están sujetas a las mismas regulaciones que la banca en cuanto a inspección por parte del **banco central** (en España, el Banco de España), **reservas mínimas** y autorizaciones para abrir **sucursales**.

Zentralbank
Mindestreserven
Filialen

El rasgo que mejor define a las cajas de ahorros es que han de **reinvertir** la mitad de sus **beneficios** y dedicar la otra mitad a **obra social**. Esto quiere decir que estos recursos se emplean en **obras benéficas**, tales como **asilos de ancianos**, o en obras culturales y de investigación, por ejemplo **becas**, exposiciones etc. Estas actividades complementan las actuaciones del Estado en estas áreas. Gracias a esta regulación, las cajas de ahorro españolas no pagan **el impuesto sobre sociedades**.

reinvestieren; Gewinne
gemeinnützige Zwecke

wohltätige Zwecke; Altersheime
Stipendien

Körperschaftssteuer

En España, el **ámbito de actuación** de las cajas de ahorro se concentra casi siempre en una

Tätigkeitsbereich

comunidad autónoma. El volumen de recursos captados mediante **depósitos** por parte de las cajas de ahorro, agrupadas en la Confederación Española de Cajas de Ahorros (CECA), equivale casi al volumen de la banca. [M.S.]

Einlagen

Las mayores cajas de ahorros en España en 1994
(según activos y recursos ajenos)

	Activo (Mill.Ptas.)	% s. total del sector	R. ajenos (Mill.Ptas.)	% s.total del sector
1) Caixa d'Estalvis i Pensions de Barcelona	6.947.800	20,54	5.743.007	20,99
2) Caja de Ahorros y Monte de Piedad de Madrid	4.212.885	12,46	3.446.916	12,60
3) Caixa d'Estalvis de Catalunya	1.585.458	4,69	1.319.100	4,82
4) Bilbao Bizkaia Kutxa	1.322.470	3,91	1.152.146	4,21
5) Caja de Ahorros de Valen., Cast. y Alic., Bancaja	1.284.790	3,80	1.065.785	3,89

Los mayores bancos en España en 1994
(según activos y recursos ajenos)

	Activo (Mill.Ptas.)	% s. total del sector	R.ajenos (Mill.Ptas.)	% s.total del sector
1) B. Bibao Vizcaya	9.806.332	15,63	4.892.779	15,37
2) B. Central Hispano	8.939.235	14,25	4.669.749	14,67
3) B. Santander	7.062.105	11,26	3.195.882	10,04
4) B. Español de Crédito	5.409.475	8,62	2.531.224	7,95
5) B. Exterior de España	4.313.076	6,87	1.477.551	4,64

LOS DEPÓSITOS BANCARIOS

Bankeinlagen

Normalmente, un **ahorrador** decide acudir a un banco para obtener **intereses** por su dinero. La **creación del depósito** significa **ingresar** en el banco una determinada cantidad de dinero; en ese momento se dice que el banco **abre una cuenta** a favor de ese ahorrador. En función de los deseos del cliente, el banco ofrece, aparte de los intereses, una serie de servicios adicionales (por ej. **seguros, tarjetas de crédito**, etc.) que dependen del tipo de depósito.

Sparer
Zinsen
Eröffnung einer Einlage;
einzahlen
Konto eröffnen

Versicherungen; Kreditkarten

Debe distinguirse entre:
- **depósitos a la vista**,
- **depósitos de ahorro** y
- **depósitos a plazo**.

Sichteinlagen
Spareinlagen
Termineinlagen

En los primeros dos tipos de depósitos, el interesado puede, en cualquier momento, **retirar** la parte que desee del **saldo** de su cuenta; en los segundos, deberá transcurrir cierto período de tiempo para que ello sea posible.

abheben
Guthaben

Los depósitos a la vista se materializan en **cuentas corrientes** que ofrecen la posibilidad de tener **talonario de cheques**, de realizar **domiciliaciones** (**pagos** y **cobros** que efectúa directamente el banco a través de la cuenta) y, en la mayoría de los casos, **descubierto bancario**, lo que quiere decir que el banco **reintegra**, hasta un límite, más dinero del efectivamente **abonado** en la cuenta a cambio del pago de unos intereses.

Girokonten;

Scheckheft; Buchungsaufträge; Zahlungen; Einziehungen
Überziehungsrahmen
auszahlen
eingezahlt

Los depósitos de ahorro (las **cuentas** o **libretas de ahorro**) no ofrecen estas posibilidades, sin embargo, **devengan intereses** más elevados.

Sparkonten; Sparbücher

Zinsen abwerfen

Los depósitos a plazo devengan un interés tanto más alto cuanto más amplio sea el **plazo** acordado, es decir cuanto más tiempo se deje el

Laufzeit

dinero en el banco. Si el **depositante** desea retirar el dinero antes del plazo previsto pierde una parte de los intereses o la totalidad de ellos. De esta manera, el banco penaliza a los clientes que no cumplen el plazo.

Einleger

En la actualidad, existe una gran variedad de cuentas que combinan distintos aspectos de los depósitos antes mencionados (especialmente las llamadas "supercuentas" donde el **tipo de interés** se aplica según el **saldo** que se mantenga. Cuanto mayor sean el saldo y el plazo, mayor es el tipo de interés). [M.S.]

Zinssatz
Kontostand

cuenta (n.f.) bancaria
sin.: depósito (n.m.) bancario;
con.: abrir/cerrar una cuenta (*Bankkonto eröffnen/schließen*); tener una cuenta; ingresar=meter=abonar dinero en la cuenta/retirar=sacar dinero de la cuenta (*auf das Konto einzahlen/vom Konto abheben*); tener la cuenta al descubierto=hacer un descubierto en la cuenta=tener la cuenta en números rojos (*Konto überziehen*); embargar una cuenta (*Bankkonto pfänden*);
la cuenta devenga un interés;
cuenta corriente a la vista; cuenta a plazo fijo; cuenta de ahorro;
ser titular de una cuenta (*Kontoinhaber*); transferir dinero de una cuenta a otra;
domiciliar los cobros y los pagos en la cuenta bancaria (*die Einnahmen und Ausgaben am Konto automatisch verbuchen lassen*);
el saldo=el estado de la cuenta (*Kontostand*); el extracto de cuenta (*Kontoauszug*).

EL CRÉDITO, EL PRÉSTAMO Y EL EMPRÉSTITO

Kredit, Darlehen und Anleihe

En la economía se usan estos tres términos para hacer referencia a **la cesión** de una cantidad de dinero o de un producto a cambio de un compromiso formal de su devolución futura más una compensación por su uso.

Überlassung

El término más general es el de crédito; en un sentido muy amplio esta palabra indica la confianza que **un acreedor (prestamista)** deposita en **un deudor (prestatario)**.

Gläubiger; Kreditgeber
Schuldner; Kreditnehmer

En el ámbito financiero, por crédito se entiende una operación por la cual el prestamista (normalmente un banco) deja una determinada suma de dinero (**capital inicial** o **principal**) a la libre disposición del prestatario durante un período prefijado. Esto no significa que el deudor **consuma** inmediatamente todo este capital. Por tanto sólo **pagará intereses** por aquella suma de dinero realmente consumida. Al término del **plazo fijado**, cuando **vence** el crédito, el prestatario está obligado a devolver el capital inicial, lo que se llama **la amortización** o el **reembolso** del crédito.

Anfangskapital; Kreditsumme
verbrauchen

Zinsen zahlen
fixierte Laufzeit
ablaufen

Tilgung

Por préstamo se entienden operaciones de crédito específicas por las que el prestatario consume inmediatamente todo el capital inicial. Normalmente se obliga a pagar periódicamente una parte convenida de éste (**la cuota de amortización**) más los intereses del capital que todavía no se ha amortizado. Por tanto, en general, al final de la vida del préstamo el prestatario habrá ya devuelto todo el capital.

Tilgungsrate

Puesto que cualquier préstamo es un tipo de crédito y las diferencias entre los dos conceptos son muy pequeñas, los dos términos muchas veces tienden a confundirse.

El empréstito, a su vez, es una forma específica de crédito que normalmente toma forma de emisión de **obligaciones** o **bonos**. Las personas que compran estos **títulos** conceden un présta-

Obligationen; Schuldverschreibungen
Wertpapiere

mo a grandes empresas, al Estado, o a otras corporaciones públicas (**Comunidades Autónomas, municipios**, etc.). Los **inversores** no recuperan el capital inicial hasta que no **expira** el plazo para la amortización del bono o de la obligación. Normalmente, mientras dure la vida del título tienen derecho a cobrar los intereses pactados. En todo crédito se realiza un estudio previo para determinar **la solvencia** del prestatario. En la mayoría de los casos se exige a éste alguna garantía que, en general, puede ser personal (por ejemplo el **salario** que cobra, las **cuentas de resultados** de una empresa), mediante **avalistas** (personas que aceptan sustituir al deudor en caso de **insolvencia**) o por **hipotecas** (garantía por un **inmueble**, por ejemplo pisos, terrenos, etc.). [J.M./J.S.]

öffentl. Körperschaften; Autonome Regionen; Gemeinden; Anleger enden

Zahlungsfähigkeit

Lohn; Gewinn- und Verlustrechnung; Bürgen
Zahlungsunfähigkeit; Hypotheken; Immobilie

crédito (n.m.)
fam.: crediticio (adj.); acreditar (v., *akkreditieren*);
con.: pedir=solicitar/conceder=otorgar un crédito; negociar (las condiciones de) un crédito; tomar un crédito (*aufnehmen*); pagar=devolver un crédito; amortizar el principal de un crédito;
el crédito finaliza=vence=expira;
comprar algo a crédito; el banco abre un crédito a favor de un cliente;
crédito a largo/medio/corto plazo;
crédito documentario=carta de crédito (*Dokumentenakkreditiv*);
crédito agrícola; para la construcción; de/al consumo; crédito comercial; crédito a la exportación/de importación; crédito para vivienda;
crédito hipotecario (*Hypothekenkredit*); crédito personal=sin garantía (*Personalkredit*);
crédito pignoraticio (*Lombardkredit*); crédito avalado (*Bürgschaftskredit*);
crédito oficial (*Staatskredit*); crédito preferencial=preferente (*Vorzugskredit*);
la demanda de créditos (*Nachfrage nach Krediten*); el tipo (de interés) de un crédito;
el principal del crédito; las condiciones de un crédito (*Kreditbedingungen*); la línea de crédito (*Kreditlinie*); el tomador de un crédito (*Kreditnehmer*); el periodo de validez=la vida de un crédito (*Kreditlaufzeit*);

préstamo (n.m.)
fam.: prestar (v.); prestamista=prestador (n.m.); prestatario (n.m.).
con: véase "crédito".

EL TIPO DE INTERÉS Y EL TIPO DE DESCUENTO

Zins- und Diskontsatz

Muchas veces se define al tipo de interés como "**precio del dinero**" y se expresa **en forma de tanto por ciento**. Aunque esto es totalmente correcto, una definición tan general difícilmente da una idea clara del significado práctico de este término.

Geldpreis; in Prozentangaben

En la realidad nos encontramos con personas que renuncian a un **consumo inmediato ahorrando** su dinero para un uso futuro. Al mismo tiempo otros **agentes económicos** (empresas, el Estado u otras personas) necesitan **fondos** para **cubrir sus necesidades**. De todos es conocido que las **entidades bancarias** hacen de **intermediario** entre estos dos grupos. Reciben el dinero de los **ahorradores** y lo **prestan** a los que lo necesitan. El precio que pagan a los ahorradores por dejarles su dinero no es el mismo que el que pagan los que **solicitan créditos**, sin embargo, en los dos casos se habla de intereses. De esta manera ya existen dos tipos de interés (dos porcentajes distintos) que aplican los bancos al **capital depositado** y a los **fondos prestados**. Sin embargo, existen otros muchos tipos de interés que dependen de las características (sobre todo de la duración, pero también de otras modalidades) del **depósito** o del **crédito**. En teoría, cuanto más larga sea la **duración** de un crédito tanto más altos serán los intereses (un depósito **a largo plazo devenga** un interés más alto, un crédito a largo plazo es más caro que uno a corto plazo). Además, hay que distinguir entre **interés simple** e **interés compuesto**. En el interés simple el tipo de interés sólo se aplica una vez (por ej.: Se ingresa un millón en un banco con un tipo de interés del 10% anual. Al cabo del año el banco devuelve el millón inicial más cien mil). En el caso del interés compuesto el tipo de interés también se aplica a los intereses del periodo anterior, es decir se **cobran** y

unmittelbarer Konsum
sparen
Wirtschaftssubjekte
Mittel
ihre Bedürfnisse abdecken; Bankinstitute
Vermittler
Sparer; leihen

Kredite beantragen

eingelegtes Kapital
geliehene Mittel

Einlage; Kredit
Laufzeit

langfristig; abwerfen

einfacher Zins; Zinseszins

pagan **interéses** sobre intereses.

Por **descuento bancario** se entiende el interés que los bancos cobran por **adelantar** el importe de un **efecto comercial** (**letras de cambio, pagarés**). El descuento, al ser un tipo de interés, depende del **plazo de vencimiento** del efecto comercial (normalmente este plazo es muy corto).

En la fijación del tipo de interés y del tipo de descuento interviene de forma decisiva el **banco central** de un país, puesto que establece el tipo de interés al que va a retribuir los depósitos de los bancos y al que va a cobrar los créditos que les conceda, así como el descuento que va a aplicar a los efectos que los bancos ya han descontado previamente. Este tipo de descuento se llama por lo tanto tipo de **redescuento**, aunque muchas veces el término tipo de descuento también se usa en este sentido. [J.M./J.S.]

Zinsen einnehmen

Bankdiskont
vorstrecken
Handelspapier; Wechsel
Solawechsel
Fälligkeit

Zentralbank

Rediskont (auch im Deutschen spricht man nur von Diskontsatz)

interés (n.m.)
fam.: interesar; interesarse por; (estar) interesado (en/por algo) (adj.); interesado (n.m.);
con.: una inversión arroja=devenga=produce=da interés (*Zinsen abwerfen*); pagar intereses; interés del capital (*Kapitalzins*); bancario (*Bankzins*); intereses de las inversiones; interés bajo/elevado; intereses caros (*teure Zinsen*); interés simple/compuesto; fijo/variable; bruto/neto; nominal/real; interés diario (*Tageszins*); anual (*Jahreszins*);
   el cálculo de los intereses (*Zinsenrechnung*); el pago de los intereses; el plazo de los intereses (*Zinstermin*);
   el tipo=la tasa de interés: el aumento/la reducción del tipo de interés; la estabilización del tipo de interés (*Zinsstabilisierung*);

descuento (n.m.)
fam.: descontar (diskontieren); redescuento (n.m.);
con.: presentar=llevar al descuento (*zum Diskont bringen*); aceptar una letra al descuento (*zum Diskont hereinnehmen*);
   descuento de efectos comerciales; bancario=comercial; los gastos de descuento (*Diskontspesen*);
   el tipo=la tasa de descuento: aumentar/reducir el tipo de descuento; tipo de descuento preferente (*Vorzugsdiskontsatz*).

LA LETRA DE CAMBIO

Wechsel

Mediante una letra de cambio un **acreedor** (el **librador**) ordena a su **deudor** (el **librado**) que pague determinada suma de dinero a quien tiene la letra de cambio (el **tomador**). De esta manera es posible que si el acreedor a su vez debe dinero a un tercero, pueda **saldar su deuda** (o una parte de ella) entregándole la letra. Este segundo acreedor se convierte así en tomador (poseedor) de la letra, y exigirá el pago del dinero al librado. En muchos casos el tomador exigirá al librado la **aceptación** de la letra, con lo que el deudor se compromete formalmente a pagar el día convenido. En cualquier momento el tomador tiene la posibilidad de **endosar** la letra a un acreedor suyo, lo que quiere decir que deja der ser acreedor del librado **cediendo sus derechos** a otra persona. Si el tomador lo desea, puede llevar la letra al **descuento**, normalmente a un banco, que le **avanzará el importe** menos un **descuento**.

Gläubiger
Aussteller; Schuldner;
Bezogener
Wechselnehmer

seine Schuld begleichen

Annahme

indossieren

seine Ansprüche abtreten

Diskontierung
den Betrag vorstrecken
Abzug

¿Para qué sirve este proceso tan complicado? Veamos un ejemplo:
Un fabricante de jugo de tomate se dirige a un supermercado para que le distribuya su producto. El propietario del supermercado se declara dispuesto a venderlo si el fabricante no le exige **pagar al contado** o con un **cheque** y le **concede un plazo** para el pago de la mercancía. Si el **proveedor** (en este caso, el fabricante) está de acuerdo con esta forma de actuar, al mismo tiempo que entrega el jugo de tomate **girará una letra**. Esto es, formalizará el crédito que ha concedido al supermercado en una letra de cambio donde **constará** como librador el propio fabricante y como librado el supermercado. Pero, en la letra de cambio, como ya hemos señalado, puede intervenir un tercer sujeto: Supongamos que el fabricante del jugo de tomate **tiene deudas** con los agricultores que le **suministran** los tomates. En este caso, puede hacer constar

bar bezahlen; Scheck;
eine Frist gewähren
Lieferant

einen Wechsel ausstellen

aufscheinen

Schulden haben
liefern

como tomador a la **cooperativa** de agricultores que exigirá la aceptación de la letra por parte del supermercado porque una letra aceptada ofrece mayor seguridad **si hay impago** por parte del librado. El supermercado ahora deberá pagar a la cooperativa de agricultores que es quien tiene físicamente la letra de cambio. Sin embargo, puede suceder que la cooperativa deba dinero, por ej. a un fabricante de tractores. En este caso, para pagar esta deuda, o una parte de ella, puede servirse de la letra endosándola y convirtiendo al fabricante de tractores en nuevo acreedor (**endosatario**) del supermercado. El mecanismo del **endoso** puede repetirse tanto como sea necesario y al final de todo este proceso el último tomador debe dirigirse al supermercado para cobrar la suma de dinero que consta en la letra. La importancia comercial de este **medio de pago** consiste precisamente en la posibilidad de realizar muchas transacciones comerciales, sin que, en realidad, ninguno de los distintos tomadores se preocupe del origen primero de la letra. En nuestro ejemplo, se habrán saldado las deudas entre los **endosantes** y endosatarios sin tener en cuenta que el supermercado aún no tenía el dinero para pagar la letra, puesto que este dinero lo están introduciendo en el proceso los consumidores de jugo de tomate que compran en el supermercado. [J.M./J.S.]

Genossenschaft

im Falle der Nichtbezahlung

Indossatar
Indossierung

Zahlungsmittel

Indossanten

letra (n.f.) de cambio
sin.: letra (n.f.)
con.: emitir=expedir=extender=librar=girar una letra a cargo de=contra alguien; aceptar una letra (*akzeptieren*); avalar una letra (*garantieren*); endosar una letra; descontar una letra (*diskontieren*); presentar una letra al cobro (*W. zur Zahlung vorlegen*); atender = pagar una letra; cobrar una letra; rehusar=rechazar el pago de una letra; protestar una letra (*zu Protest gehen lassen*);
letra aceptada (*Akzeptwechsel*); avalada (*Avalwechsel*); endosada; descontable (en un banco) (*diskontfähiger*); descontada (*diskontiert*); pagada/impagada; el librador de una letra; el librado; el tenedor; el tomador; el acreedor; el avalista (*Bürge*);
el endoso de una letra (*Wechselindossament*); el endosante; el endosatario; el descuento; el vencimiento de una letra (*Wechselfälligkeit*).

EL CHEQUE Y EL PAGARÉ

Scheck und Solawechsel

El cheque (también denominado talón), la **letra de cambio** y el pagaré son los **medios de pago** más utilizados para **liquidar las deudas comerciales.**

Wechsel
Zahlungsmittel
Geschäftsschulden begleichen

Todo el mundo sabe cómo funciona un cheque: Mediante su **firma** en el talón, la persona que debe pagar ordena a un banco que **haga efectiva** la suma que viene escrita en el cheque. De una manera más técnica se dice que, al **librar** o **extender un cheque**, un **librador** (el **deudor**) da la orden a un **librado** (el banco) de pagar al **tomador** (el **acreedor**). Si el nombre del acreedor figura en el cheque, se habla de **cheque nominativo**. Si en lugar del nombre figura la expresión "**al portador**" la persona que tiene el cheque en sus manos resulta ser el acreedor.

Unterschrift
ausbezahlen

einen Scheck ausstellen
Aussteller; Schuldner
Bezogener
Schecknehmer; Gläubiger; Namensscheck

an den Inhaber

El problema más grave que comporta el cheque en España es que el **emisor** puede firmarlo sin que haya **fondos** en el banco para pagarlo. En Austria existe un **seguro** por un importe máximo de 2.500 chelines para cualquier cheque. En España sólo los "cheques garantizados" ofrecidos por algunos bancos tienen esta particularidad. Por este motivo, cuando un acreedor desea mayor seguridad en el pago del cheque, solicita que éste sea **emitido** directamente por el banco del deudor. Se habla entonces de **cheque conformado** por el banco.

Emittent
Mittel
Versicherung

ausgestellt
beglaubigter Scheck

Los **cheques de viaje** son un tipo especial de cheques emitidos directamente por algunos bancos para facilitar a sus clientes que puedan viajar al extranjero sin necesidad de llevar consigo **dinero efectivo**. Estos cheques normalmente están denominados en **divisas** ampliamente aceptadas (dólares, marcos alemanes) que permiten al viajero no preocuparse por la no **convertibilidad** de la **moneda** de su país o por la **infla-**

Reiseschecks

Bargeld
Währungen

Konvertierbarkeit
Währung; Inflation

ción del país que está visitando. Además, al tener que firmar el cheque tanto en el país de origen como en la **oficina de cambio** del país de destino hay una protección adicional contra el robo.

El **pagaré** sigue la misma mecánica que el cheque, pero en él se incluye claramente la fecha a partir de la cual se puede **hacer efectivo**. El emisor del pagaré se compromete a un **pago aplazado**. Si el tomador necesita este dinero antes de la fecha prevista deberá acudir a una **entidad financiera** que le anticipará esta suma menos un **descuento**. El pagaré presenta la misma problemática de **impago** que el cheque, por lo que **el descuento** de los mismos no es tan habitual. Cuando un pago aplazado quiere dotarse de más seguridad debe recurrirse a la **letra de cambio aceptada**. [M.S.]

Wechselstube

Solawechsel

einlösen
aufgeschobene Zahlung

Finanzinstitut
Abzug
Nichtbezahlung
Diskontierung

akzeptierter Wechsel

cheque (n.m.)
sin.: talón (n.m.);
fam.: chequera (n.f., *Scheckbuch*);
con.: extender=librar=firmar=emitir un cheque; cobrar=hacer efectivo un cheque; pagar con un cheque; ingresar un cheque para abono en cuenta (*Scheck zur Gutschrift einreichen*); anular un cheque (*Scheck stornieren*);
cheque al portador (*Inhaberscheck*); cheque conformado; cheque cruzado (*Verrechnungsscheck*); cheque nominativo; cheque de viaje=viajero; cheque sin fondos=sin provisión (*ungedeckter Scheck*);
el talonario de cheques (*Scheckbuch*).

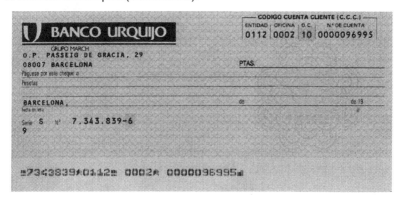

EL LEASING Y EL FACTORING

Leasing und Factoring

El leasing y el factoring son **servicios financieros** destinados a las empresas para facilitar la **adquisición de bienes** (el leasing) y la **gestión de los cobros** (el factoring).

Finanzdienstleistungen

Gütererwerb
Forderungsverwaltung

El leasing, denominado también "arrendamiento financiero", permite a una empresa disponer de un determinado **activo** (máquinas, coches, **inmuebles**, etc.) **pagando** no su precio **al contado**, sino una **cuota** periódica **de alquiler** durante un plazo prefijado, al final del cual la empresa puede **ejercer la compra** pagando un **valor residual** o **rescindir el contrato**. Además, la empresa puede **deshacerse de** este activo en cualquier momento, devolviéndolo a la **compañía de leasing**. Mientras que en algunos países europeos es muy normal que también **particulares** se aprovechen de esta posibilidad (el ejemplo típico son las compras de coches según este sistema), en España utilizan este servicio principalmente las empresas y **las profesiones liberales**. Para éstas las cuotas de alquiler **son deducibles del impuesto sobre la renta de las personas físicas y del impuesto sobre sociedades**, mientras que si adquieren el activo al contado sólo pueden deducir del impuesto la **cuota de amortización** legalmente establecida. Si bien en un principio el leasing servía principalmente para la compra de **maquinaria** hoy se adquieren cada vez más inmuebles y otros bienes de alto valor (por ej. **equipos informáticos**).

hier: Anlagegut; Immobilien; bar bezahlen
Leasingrate

d. Kauf abschließen
Restwert; den Vertrag kündigen; abstoßen
Leasinggesellschaft

Privatpersonen

freie Berufe
können von der Einkommens- und Körperschaftssteuer abgesetzt werden

Abschreibungsrate

Maschinenpark

EDV-Anlagen

El factoring permite a una empresa trasladar toda la gestión de **cobro** de los **créditos concedidos** a sus clientes a otra sociedad, llamada "**factor**". La sociedad de factoring, al aceptar la **cesión** de los créditos, en algunos casos **avanza** a la empresa una parte del valor de estos créditos.
El factoring no se limita a la pura financiación del crédito (como en el caso de un **descuento de**

Inkasso; gewährte Kredite; Factor
Abtretung
vorschießen

Wechseldiskontierung

letras de cambio), sino que es un servicio que engloba desde la investigación de **la clientela** y el análisis de los riesgos de **impago** hasta la **contabilidad** adecuada del crédito. En caso de impago por parte del **cliente deudor** la sociedad de factoring también se encarga de establecer las medidas oportunas que garanticen la **recuperación de la deuda**.
Las sociedades factor establecen categorías de empresas que **evalúan la calidad y solvencia** de sus relaciones comerciales. Esto permite a los factores seleccionar convenientemente los créditos que pueden gestionar, dado que las empresas tienden a **contratar con** las sociedades de factoring cuando ya prevén dificultades en el **cobro de la deuda**. [J.M./J.S.]

Kunden
Nichtbezahlung
Buchhaltung
Schuldner

Eintreibung der Schuld

die Qualität und Zahlungsfähigkeit bewerten

einen Vertrag abschliessen
Einziehung der Schuld

El factoring

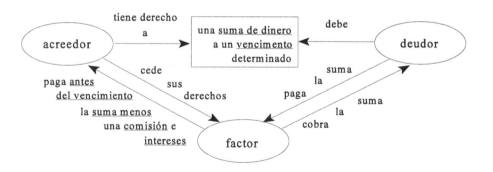

EL BANCO CENTRAL

El objeto del banco central es promover la **política monetaria** general de la nación y, por tanto, controlar **la cantidad de dinero en circulación**. Para ello actúa en dos sentidos:

Por una parte se responsabiliza de la **emisión de moneda** y, por otra, ejerce el control sobre el **sistema bancario** del país. Esta segunda actividad sitúa al banco central como núcleo del sistema bancario y le obliga a coordinar los mecanismos necesarios para asegurar la eficiencia del **mercado del dinero**. Entre estos mecanismos destacan la **fijación de los tipos de interés** al que los bancos pueden **solicitarle créditos** y el **nivel de fondos** que deben depositar en sus **cuentas** las instituciones que deseen actuar como bancos en ese país. Además, el banco central controla los **balances** y la **solvencia** de los distintos bancos obligándoles a mantener unas reservas obligatorias. De ahí que el banco central se considere el banco de los bancos.

De todo lo dicho se desprende que el banco central ejerce una gran influencia sobre el **precio del dinero**, el tipo de interés.

Otra función del banco central consiste en ser el banco del Estado. Como tal recibe los **ingresos provenientes de los impuestos** y **realiza los pagos** que el gobierno le pide. Se encarga también de **gestionar las reservas de divisas** del país, controlar los **flujos monetarios** hacia el exterior y mantener el **tipo de cambio**.

Para que el banco central pueda realizar estas tareas es necesario que su actuación sea independiente de los intereses de sus **accionistas** (si los tiene), y que se dirija a mejorar la situación económica del estado. [M.S.]

Zentralbank

Geld-/Währungspolitik

die im Umlauf befindliche Geldmenge

Geldausgabe

Bankenwesen

Geldmarkt
Festsetzung der Zinssätze; Kredite beantragen; Höhe der Mittel
Konten

Bilanzen; Zahlungsfähigkeit

Geldpreis

Steuereinnahmen
führt die Zahlungen durch

Devisenreserven verwalten; Geldfluß
Wechselkurs

Aktionäre

banco (n.m.) central
sin.: banco emisor;
con.: el banco central busca la estabilidad monetaria; diseña la política monetaria; controla la liquidez de la economía; emite dinero, (papel) moneda; concede créditos a los bancos; determina=fija el tipo de interés; mantiene el tipo de cambio=valor externo de la moneda; supervisa las instituciones financieras.

Atención: no confundir el banco central, que en España se llama Banco de España, con el Banco Central Hispano, nombre de un banco privado español.

Las funciones del banco central

- administrar ingresos
  y gastos del Estado

- gestionar reservas
  de divisas del Estado

- controlar los flujos
  monetarios hacia
  el exterior y actuar
  sobre el tipo de cambio

- fijar los tipos
  de interés

- fijar la cuantía de
  las reservas obligatorias
  de las instituciones
  financieras

- control de los
  bancos

EL TESORO PÚBLICO Y LA DEUDA PÚBLICA

Staatskasse und Staatsschuld

En la mayoría de los países el **Ministerio de Hacienda** es el responsable de la dirección de **la política fiscal**. Por lo tanto, le incumbe por un lado la administración y **recaudación de todos los tributos** de acuerdo con las **leyes fiscales** y, por otro, el control del **gasto público**.

Finanzministerium

Fiskalpolitik
Erhebung aller Abgaben
Steuergesetze
Staatsausgaben

En este contexto es de suma importancia la preparación del **presupuesto general del Estado** donde se recogen los **ingresos** y gastos previstos para el próximo **ejercicio**.

Staatsbudget
Einnahmen
Finanzjahr

En la actualidad, en la mayoría de los países los presupuestos estatales muestran un déficit, los estados suelen gastar más de lo que ingresan. Esto sucede porque los estados se ven obligados a realizar **inversiones públicas** cuantiosas y no pueden incrementar en la misma proporción los ingresos de la **Hacienda Pública** mediante el **aumento de los tributos**.

Investitionen der öffentlichen Hand
Staatsfinanzen
Abgabenerhöhung

Para pagar esas inversiones el Estado puede recurrir a medidas de **política monetaria**. Estas medidas pueden consistir en **la emisión de dinero** (lo que fácilmente se traduce en **tendencias inflacionistas**), o en la búsqueda de particulares que le **presten fondos**. Esta última posibilidad es lo que se conoce como **emisión de deuda pública**.

Geldpolitik
Geldemission
inflationäre Tendenzen

Geldmittel leihen
Staatsschuldbegebung

El organismo que dentro del Ministerio de Hacienda controla los **cobros** y **pagos** de toda la Administración Pública es el Tesoro Público.

Einnahmen; Zahlungen

Por tanto, la tarea de este organismo consiste en primer lugar en determinar las necesidades de financiación para **cubrir el déficit público**. Trata de financiar el déficit mediante la emisión de **títulos** que pueden tener distintos **plazos de amortización**.

Staatsdefizit abdecken

Wertpapiere; Tilgungsfristen

En España se distinguen **Letras del Tesoro** (a corto plazo, normalmente un año), **Bonos del Estado** (a medio plazo, normalmente tres años) y **Obligaciones del Estado** (a largo plazo, cinco o más años). La mayoría de estas operaciones ofrecen como principal atractivo, más que el **tipo de interés**, el riesgo casi nulo que supone invertir con la garantía del Estado.

> Schatzbriefe
> Staatsschuldverschrei-bungen
> Staastanleihen
>
> Zinssatz

La actuación del Tesoro Público puede entenderse fácilmente si se la compara con la del **cajero** de una empresa. El Estado sería en este caso la empresa, el Ministerio de Hacienda el **departamento financiero**, que elabora los **planes de financiación**, y el Tesoro Público el cajero que los lleva a la práctica. Para ello se sirve de la ayuda del **banco central**, que es el único banco con el que trabaja el Estado, lo que explica la estrecha relación que existe entre los dos organismos. [M.S.]

> Kassier
>
> Finanzabteilung; Finanzierungspläne
>
> Zentralbank

---

deuda (n.f.) pública
sin.: deuda del Estado;
fam.: adeudar (v., *schulden*); endeudarse (v., *sich verschulden*); endeudamiento (n.m., *Verschuldung*); deudor (n.m., *Schuldner*);
con.: emitir deuda pública; comprar deuda pública; invertir en deuda pública;
 la deuda pública a corto/largo plazo;
 el mercado de deuda pública; la administración de la deuda pública; la amortización de la deuda pública; la emisión de deuda pública; el servicio de la deuda pública (*Staatsschuldendienst*); los títulos de deuda pública (*Staatsschuldpapiere*);

déficit (n.m.)
fam.: (ser) deficitario (adj.);
con.: tener un déficit de X millones de pesetas; los resultados presentan=arrojan un déficit; liquidar=compensar=cubrir un déficit (*ausgleichen*); luchar=tomar medidas contra el déficit;
 déficit público.

LA POLÍTICA MONETARIA Y LA POLÍTICA FINANCIERA

Geld-/Währungspolitik und Finanzpolitik

Todos los países intentan conseguir y mantener la estabilidad de su **moneda** tanto a nivel interno como a nivel internacional. Éste es el objetivo principal de la política monetaria, que en los países más desarrollados es competencia del **banco central**.

Währung

Zentralbank

En la actualidad esta tarea presenta cada vez mayores dificultades:
El banco central debe enfrentarse a unos **mercados internacionales de divisas** que están interconectados y se han convertido en el medio por el cual enormes **flujos de dinero**, de **procedencia** muy diversa, intentan mejorar su **rentabilidad**. Para alcanzar su objetivo el banco central tiene que intervenir equilibrando la **oferta** y la **demanda** de dinero. Para ello aumenta o disminuye la **emisión de dinero**, o bien ofrece créditos más o menos baratos con lo que interviene en la fijación del precio del dinero, el **tipo de interés**.

internationale Devisenmärkte

Geldströme; Herkunft
Ertrag

Angebot
Nachfrage
Geldemission

Zinssatz

Naturalmente estas actuaciones repercuten también en el mercado interior. Si la **masa monetaria** es muy grande, significa que hay una oferta elevada de dinero, por tanto el valor de la **unidad monetaria** es bajo y los precios tienden a subir. Si la masa monetaria es muy pequeña la **oferta de dinero no cubrirá la demanda**, por tanto el valor de la unidad monetaria es alto. Conseguir que la masa de dinero que está en manos de los **consumidores** sea equilibrada y que la velocidad con que se mueve esta cantidad de dinero no sea excesiva, es decir, evitar la inflación, es un objetivo adicional de la política monetaria.

Geldmenge

Währungseinheit
das Geldangebot deckt die Nachfrage nicht

Konsumenten

Pero desde que los gobiernos presentan **presupuestos** con déficit, el control de la inflación

Budgets

también depende del tipo de financiación que se escoja para **equilibrar ingresos y gastos**. En la actualidad el tipo de interés al que el Estado emite la **deuda pública** condiciona el precio del dinero. Si el Estado se financia a un determinado tipo de interés, el banco central sólo financiará a los bancos del sistema a un tipo de interés muy parecido. En consecuencia los bancos no **concederán créditos** a tipos inferiores a los que establece el gobierno o el banco central. Es decir, si el tipo de interés al que se financia el Estado es muy alto los consumidores tendrán que pagar un interés elevado para conseguir créditos, por tanto reducirán su consumo y los precios tenderán a bajar.

Einnahmen und Ausgaben ausgleichen
Staatsschuld begeben

Kredite gewähren

De esta manera la política financiera del gobierno deja de ser un conjunto de reglamentaciones sobre el **sistema financiero** para convertirse en una política de ámbito mucho más amplio y de excepcional importancia para conseguir los objetivos de la **política económica**.

Finanzsystem

Wirtschaftspolitik

De lo dicho se desprende que, mientras la política monetaria (mantener la estabilidad de la moneda) está en manos del banco central, la política financiera (financiar las actividades del Estado mediante la emisión de deuda pública) continúa siendo responsabilidad directa del gobierno. Ambas políticas coinciden en su actuación sobre el tipo de interés, por lo que es necesaria una coordinación entre ellas. [J.M./J.S.]

LOS TIPOS DE CAMBIO Y LAS UNIONES MONETARIAS

Wechselkurse und Währungsunionen

El tipo de cambio es la relación de valor entre dos **monedas** nacionales en un momento (normalmente un día) determinado.

Währungen

El tipo de cambio puede ser **fijo**, es decir, dos o más países se comprometen a mantener constante el valor de sus monedas entre sí; o **flotante**, en este caso una moneda **oscila libremente** en los **mercados de divisas** respecto a las demás monedas.
Los distintos países pueden aplicar los dos modelos anteriores de manera más o menos flexible.

fest

flexibel
frei schwanken
Devisenmärkte

El caso más extremo de tipo de cambio fijo es el de **moneda única** o **común** entre dos o más países. Esto es lo que ocurre por ej. entre Rusia y la mayoría de los países de la **Comunidad de Estados Independientes (CEI)** con el **rublo**, o entre Luxemburgo y Bélgica con el **franco** belga. Por lo general el país más pequeño deja la responsabilidad monetaria en manos del **banco emisor** del país más grande. Ello no quiere decir que el país más pequeño no tenga **banco central** o no **emita moneda**. Luxemburgo posee un banco central y emite francos luxemburgueses, lo que ocurre es que éstos tienen siempre el mismo valor y la misma aceptación que los francos belgas.
Curiosamente este sistema se puede dar incluso en el interior de un mismo Estado. Escocia emite su propia **libra**, y su relación monetaria con el resto del Reino Unido es similar a la de Luxemburgo con Bélgica.

Einheits-, gemeinsame Währung
Gemeinschaft Unabhängiger Staaten (GUS); Rubel; Franc

Notenbank

Zentralbank
Geld emittieren

Pfund

Cuando dos o más países acuerdan un tipo de cambio fijo para sus monedas se habla de una **unión de tipos de cambio.** Cada país dispone de su propio banco emisor y de su propia mone-

Wechselkursunion

da, pero el tipo de cambio entre las monedas es invariable. Aunque no existe en Europa ninguna unión, de hecho la relación del **marco** alemán con el **florín** holandés, el **franco** suizo o el **chelín** austriaco, supone una unión de tipos de cambio encubierta. De todos es conocida la relación 1 a 7 del marco respecto al chelín desde hace decenas de años. Aunque los países pequeños renuncian a tener una **política monetaria** propia, se benefician de la estabilidad de la moneda más importante y poseen así una base monetaria fiable para el **comercio exterior**.

Mark
Gulden; Franken
Schilling

Währungspolitik

Außenhandel

Un sistema menos extremo es el de tipo de cambio fijo con **franja de oscilación**. En este caso las monedas fluctúan dentro de una **banda** más o menos amplia que se comprometen a no traspasar. Se habla entonces de un **acuerdo de tipos de cambio** y como ejemplo de su uso se puede citar el **Sistema Monetario Europeo (SME)**.

Schwankungsbreite
Bandbreite

Wechselkursabkommen

Europäisches Währungssystem (EWS)

El tipo de cambio flotante sólo se rige, en teoría, por el funcionamiento de los mercados monetarios internacionales. Así, el **dólar** americano o el **yen** japonés pueden sufrir variaciones respecto al marco alemán de hasta el 5% en pocos días. Este último sistema no suele funcionar de manera pura, pues a menudo hay acuerdos entre los diversos bancos nacionales para acudir en defensa de una moneda concreta cuando uno o varios países no pueden sostener sus tipos de cambio en los mercados internacionales. Por lo general estas intervenciones no son suficientes para frenar la actuación de los **especuladores de divisas**. [C.R.]

Dollar
Yen

Devisenspekulanten

LA DEPRECIACIÓN Y LA DEVALUACIÓN

En los **mercados financieros** se compran y venden entre otros productos **divisas**, es decir **monedas** de distintos países. Los **agentes económicos demandan** y **ofertan** estas monedas para pagar **importaciones** y para **cambiar las monedas** procedentes del cobro de las **exportaciones**. Además, existen **inversores** que se dedican a la **compraventa** de divisas para **colocar** sus **fondos** en monedas o países que les ofrezcan mejores **tipos de interés, condiciones fiscales favorables, estabilidad a largo plazo**, etc. Del conjunto de todas estas transacciones se formará el precio de unas monedas respecto a otras.

De un momento al otro, estos precios pueden **variar al alza** o **a la baja**. En el primer caso se habla de una **apreciación**, en el segundo de una **depreciación** de una moneda.

La apreciación implica que las monedas extranjeras resultan más baratas que antes. Esto es, cualquier ciudadano de este país podrá cambiar su dinero por otra divisa obteniendo más moneda extranjera que antes de la apreciación. Por tanto, le puede resultar más ventajoso comprar productos extranjeros que nacionales o hacer viajes turísticos a otros países. Al contrario ocurre con los **consumidores** extranjeros que verán cómo los productos del país con la moneda apreciada **suben de precio**. Esto supone que los **importadores** ven favorecido su **negocio** con la apreciación y, por contra, las **exportaciones** bajan. Normalmente las **autoridades económicas** se preocupan cuando las exportaciones bajan porque ello muestra que la **competitividad** de las industrias del país empeora y pueden perderse muchos **clientes** internacionales. Por otra parte, una apreciación es una señal de la confianza de los inversores extranjeros en la economía nacional.

Ent- und Abwertung

Finanzmärkte
Devisen
Währungen; Wirtschaftssubjekte; nachfragen; anbieten; Importe; Währungen eintauschen
Exporte; Investoren
An- und Verkauf
Mittel anlegen
Zinssätze
günstige steuerl. Bedingungen; langfristige Stabilität

n. oben/unten schwanken; Aufwertung
Entwertung

Konsumenten

im Preis steigen
Importeure; Geschäft
Exporte
Wirtschaftsbehörden

Konkurrenzfähigkeit

Kunden

El difícil equilibrio entre estas dos valoraciones indica lo complicado que resulta establecer una **política de tipos de cambio**. Cuando una moneda **se deprecia** ocurre exactamente lo contrario: suben los precios de los productos importados, por lo que disminuyen las importaciones, y disminuyen en el extranjero los precios de los productos nacionales, por tanto aumentan las exportaciones.

Wechselkurspolitik
an Wert verlieren

Las autoridades monetarias pueden **intervenir** en los mercados financieros comprando y vendiendo su propia moneda u otras. De esta manera juegan un papel muy importante en la fijación de los **tipos de cambio**, pero a veces estas intervenciones no son suficientes y es necesario un **pronunciamiento público** que fije el **valor oficial** de la moneda. Si el valor después de esta medida es superior, se habla de **revaluación**, si el valor es inferior, se habla de **devaluación**.

eingreifen

Wechselkurse

staatliche Entscheidung
amtl. festgesetzter Kurs
Aufwertung
Abwertung

La revaluación es una medida que se aplica en casos muy especiales.
Sin embargo, ocurre bastante a menudo que los países **devalúan** su moneda cuando sufren una crisis industrial importante y quieren **fomentar las exportaciones**. No obstante, una devaluación mal diseñada trae consigo **tensiones inflacionistas** (no hay que olvidar que suben los precios de los productos importados) y puede generar nuevas devaluaciones. [J.M./J.S.]

abwerten
die Exporte ankurbeln

inflationäre Spannungen

depreciación (n.f.)		-	devaluación (n.f.)
sin.:	desvalorización (n.f.);	-	-
contrario:	apreciación (n.f.); revalorización (n.f.);	-	revaluación (n.f.);
fam.:	depreciarse (v. *an Wert verlieren*);	-	devaluar (v. *abwerten*);
con.:	depreciación monetaria=de la moneda;	-	devaluación monetaria=de la moneda (*Währungsabwertung*);
depreciarse: la moneda se deprecia;		-	devaluar: devaluar una moneda.

EL SISTEMA MONETARIO EUROPEO Y EL ECU

Europäisches Währungssystem und ECU

La creación del Sistema Monetario Europeo (SME) se debe a un acuerdo entre los países miembros de la **Unión Europea** para proteger los **tipos de cambio** de todas sus **monedas** frente a las inestabilidades del **sistema monetario internacional**, en el que hoy en día las monedas **fluctúan** libremente **según la oferta y demanda**. De esta manera se pretende crear una zona de **estabilidad monetaria** para favorecer los **intercambios comerciales intracomunitarios**.

Europäische Union
Wechselkurse; Währungen; Internationales Währungssystem
nach Angebot und Nachfrage schwanken
Währungsstabilität
Handelsbeziehungen innerhalb der EU
Stützung

El SME se fundamenta en el **mantenimiento** de unos tipos de cambio de los países miembros que se consigue mediante intervenciones en los mercados internacionales por parte de los **bancos centrales**. Éstos, **en caso de presión sobre una moneda**, acuden de forma coordinada en su defensa comprando (en caso de **presión a la baja**) o vendiendo (en caso de **presión al alza**) esta moneda. Por eso, el SME prevé mecanismos dirigidos a que los distintos bancos centrales consigan la financiación necesaria para realizar estas operaciones.

Zentralbanken; wenn eine Währung unter Druck gerät
Abwertungsdruck
Aufwertungsdruck

El SME define los **tipos de intervención** (los tipos de cambio a los que hay que intervenir) respecto a cada moneda y respecto a una **unidad monetaria** que es el ecu (european currency unit - **unidad de cuenta europea**). El ecu constituye el elemento central del SME. No es más que **una cesta de monedas**, esto es un "recipiente" donde se van colocando distintas cantidades de monedas de cada uno de los países participantes en el SME. Las cantidades de cada moneda, la **ponderación** de una moneda respecto al ecu, se determinan teniendo en cuenta la importancia de cada país en el comercio intracomunitario, su **producto interior bruto** y otros factores de este tipo. Por tanto la **composición** del ecu varía

Interventionspunkte

Währungseinheit

Europäische Währungseinheit
Währungskorb

Gewichtung

Bruttoinlandsprodukt
Zusammensetzung

según las monedas incluidas; la incorporación de nuevos países ha implicado **reajustes** en el ecu, pero los más acentuados han sido provocados por la salida de algunas monedas del SME cuando ha sido imposible a los bancos centrales mantener estables los tipos de cambio.

Anpassungen

La relación de las distintas monedas respecto al ecu no es fija **al cien por cien**. Existe un valor central (**pivote central**) pero también existen **bandas de fluctuación**, lo que quiere decir que las distintas monedas fluctúan dentro de cierto límite que no perjudica al comercio europeo. Pero ¿cómo se fija el valor del ecu? Como cualquier moneda, los ecus **se negocian** en los **mercados financieros internacionales** y, por lo tanto, es ahí donde se establece su valor frente a las demás **divisas**. Si se produce un cambio en la relación de una moneda que forma parte del ecu y otra moneda que no forma parte (en primer lugar el dólar y el yen), todas las demás monedas del SME tienen que seguir este movimiento para mantener la estabilidad monetaria dentro del sistema.

hundertprozentig
Leitkurs
Bandbreiten

gehandelt werden
internationale Finanz-
märkte
Devisen

Por ahora, el ecu no existe en forma de **billetes de banco** (aunque existen **monedas** para coleccionistas). Sin embargo, existen **depósitos bancarios** y **títulos valores denominados en ecus**. [M.S.]

Banknoten
Münzen
Bankeinlagen
auf ECUs lautende
Wertpapiere

EL BANCO MUNDIAL Y EL FONDO MONETARIO INTERNACIONAL

Weltbank und Internationaler Währungsfonds

Estas dos instituciones nacieron al mismo tiempo poco después de la Segunda Guerra Mundial y, como sus funciones son complementarias, se mencionan muchas veces de forma conjunta. Sin embargo, los ámbitos de actuación son bastante dispares.

El Banco Mundial (BM), en los primeros tiempos también llamado **Banco Internacional de Reconstrucción y Desarrollo**, es un organismo cuya principal finalidad es **promover las inversiones a largo plazo** en determinados países. En un principio su tarea consistía en financiar la reconstrucción de los daños causados por la Segunda Guerra Mundial. Hoy en día concentra su actividad en la **ayuda al desarrollo** de los **países del Tercer Mundo**. La actuación del BM se dirige a la **concesión de créditos** a proyectos concretos, nunca a un gobierno o país. Los **préstamos** se caracterizan por aplicar unos **intereses de mercado** pero con un **vencimiento** que puede llegar a los treinta años. A este efecto exige a los países donde van a realizarse los proyectos que formulen **planes de desarrollo a largo plazo**, y les ofrece ayuda técnica mediante comisiones especializadas. Para que estos planes sean viables el BM vincula su ayuda a que se adopten las medidas propuestas por el Fondo Monetario Internacional.

Internationale Bank für Wiederaufbau und Entwicklung; langfristige Investitionen fördern

Entwicklungshilfe; Länder der Dritten Welt
Gewährung von Krediten
Darlehen
Zinsen in Markthöhe; Fälligkeit

langfristige Entwicklungspläne

El Fondo Monetario Internacional (FMI) es un organismo que tiene por objetivo asegurar la estabilidad de los **tipos de cambio** y **fomentar** la cooperación internacional **en materias monetaria y comercial**. Con el fin de evitar **oscilaciones** de los tipos, que pueden perturbar el comercio internacional, el FMI actúa como **fondo de estabilización**. Esto significa que los países miembros se obligan a **dotar las reservas del**

Wechselkurse; fördern in den Bereichen Währung und Handel; Schwankungen
Stabilisierungsfonds

den IWF mit Reserven

FMI mediante una cuota que se determina en función del peso cuantitativo de las transacciones económicas y financieras de cada país y según el **nivel de renta** alcanzado. Con este capital el FMI puede conceder ayudas (**créditos a muy corto plazo**, llamados **Derechos Especiales de Giro**) a los países miembros cuya situación económica puede afectar a la estabilidad monetaria.

A fin de cuentas, la actuación del FMI se parece a un **prestamista de último recurso**. A un país que entra en una crisis muy profunda no se le puede **declarar en suspensión de pagos** como a una empresa privada, dado que arrastraría la **quiebra** de los bancos que le han **prestado dinero** y provocaría fuertes **desequilibrios** en los **mercados monetarios** internacionales. En esta situación el FMI interviene exigiendo al gobierno un **plan de estabilización** que devuelva la confianza a la banca internacional.

Como estos planes muchas veces implican **devaluaciones** y medidas de control de la inflación mediante la **moderación salarial**, las **clases más desfavorecidas** son las más afectadas. [M.S.]

ausstatten

Einkommensniveau
ganz kurzfristige Kredite
Sonderziehungsrechte

Darlehensgeber für Notfälle
für zahlungsunfähig erklären
Konkurs; Geld leihen
Störungen
Geldmärkte

Stabilisierungsplan

Abwertungen

Mäßigung bei Lohnabschlüssen; benachteiligste Schichten

LOS MERCADOS FINANCIEROS

En la vida económica no sólo se compran y venden productos, sino también **activos financieros**, lo que quiere decir que se compra y vende dinero (o un **depósito de valor** fácilmente convertible en dinero). Esto, a simple vista, puede parecer absurdo, sin embargo, los mercados financieros, que es donde se realizan estas transacciones, son de suma importancia para el funcionamiento de una economía moderna, puesto que permiten poner en contacto **agentes económicos** (familias, empresas, Estado) con **necesidad de financiación** y los que pueden **suministrar**les el dinero que necesitan.

Este dinero (este depósito de valor) normalmente no tiene forma de **billetes de banco**, sino que más bien se trata de **títulos** que dan al poseedor **derecho sobre** una determinada suma de dinero.

Según las características de los títulos que se negocian, los mercados financieros se clasifican en:
- **mercados monetarios** y
- **mercados de capitales**.

En los mercados monetarios se compran y venden los **activos a corto plazo**, lo que quiere decir que el **plazo** previsto **para el vencimiento** del título es casi siempre inferior a un año.
Este mercado monetario se subdivide, según el tipo de título, en **mercado de divisas** (donde se compran y venden **monedas extranjeras**), **mercado interbancario** (en el que los bancos se conceden mutuamente **créditos a corto plazo**) y otro tipo de mercado en el que se negocian **efectos comerciales** (**letras de cambio** y **pagarés**).
Aparte de estas tres partes principales del mercado monetario existen otros (por ej. de **deuda**

Finanzmärkte

Geldvermögenswerte

Wertanlage

Wirtschaftssubjekte
Finanzbedarf
zur Verfügung stellen

Banknoten
Wertpapier
Anrecht auf

Geldmärkte
Kapitalmärkte

kurzfristige Werte
Frist bis zur Fälligkeit

Devisenmarkt
ausländische Währungen; Interbankenmarkt
kurzfristige Kredite

Handelspapiere; Wechsel; Solawechsel

Staatsschuld

pública, de **cédulas hipotecarias**) que por el bajo riesgo que implican también se consideran parte del mercado monetario aunque sus títulos tengan una vida más larga.

Pfandbriefe

Los mercados de capitales comprenden las transacciones de **títulos cuya vida es a más largo plazo**.
Se divide en **mercado de créditos a largo plazo** (créditos entre grandes empresas o Estados) y **mercado de valores** (centralizados en las **bolsas**).
En este mercado se negocian:

- **títulos de renta fija** (**obligaciones**, etc.),
- **títulos de renta variable** (sobre todo **acciones**) y
- **productos derivados** (**opciones** y **futuros**).
[J.M./J.S.]

Wertpapiere mit längerer Laufzeit
Markt für langfristige Kredite
Wertpapiermarkt
Börsen

festverzinsl. Wertpapiere; Anleihen
Dividendenpapiere; Aktien
derivative Produkte; Optionen; Futures

Mercados financieros

- mercados monetarios
  - divisas
  - efectos comerciales
  - m. interbancario (créditos a corto plazo)
  - otros títulos de bajo riesgo
- mercados de capitales
  - créditos a largo plazo
  - títulos-valores

LA BOLSA

Cuando se habla de bolsa se suele pensar inmediatamente en la **bolsa de valores mobiliarios**, sin embargo, existen también **bolsas de materias primas** (sobre todo de metales y productos agrícolas) muy importantes.
La bolsa de valores constituye un mercado organizado (regulado por leyes) de **títulos valores**, especialmente **acciones** y **obligaciones**. Es una parte importante del **mercado de capitales**. La colocación de las **nuevas emisiones (mercado primario)** se realiza fuera de la bolsa, las acciones llegan al público a través de intermediarios como los bancos. Sin embargo, el **intercambio** o la compraventa de los títulos que ya se encuentran en circulación (**mercado secundario**), se realiza dentro de la bolsa. Los precios de los títulos se fijan de acuerdo con las **leyes de la oferta y la demanda**. La bolsa tiene por objetivo principal posibilitar la participación directa del **ahorro** en la **financiación de los proyectos de inversión**. Cuando un **ahorrador** compra títulos de una nueva emisión está financiando una inversión empresarial. Pero, si estos títulos después no **cotizan en bolsa**, el **inversor** inmoviliza su capital y no tiene posibilidades de recuperar fácilmente su dinero.
La bolsa permite al inversor alcanzar una **retribución** mayor que la ofrecida en el **mercado bancario**. Por otra parte, libera a las empresas públicas y privadas de la dependencia exclusiva de las **instituciones de crédito**. Las empresas consiguen financiación directa de los particulares, gracias a que en la bolsa el inversor tiene en todo momento la posibilidad de vender sus títulos y **liquidar su inversión**. De esta manera, la bolsa convierte inversiones que, de hecho, son **a largo plazo** en inversiones **a corto plazo** o de **liquidez inmediata**.
La bolsa de valores no es, en absoluto y en contra de la opinión más generalizada, un entreteni-

Börse

Wertpapierbörse
Rohstoffbörsen

Wertpapiere
Aktien; Anleihen
Kapitalmarkt
Neuemissionen
Primärmarkt

Handel

Sekundärmarkt

Gesetze von Angebot
und Nachfrage

Spargelder; Finanzierung
v. Investitionsprojekten;
hier: Anleger

an der Börse notieren;
Investor

Vergütung
Banken

Kreditinstitute

die Investition auflösen
langfristig
kurzfristig; unmittelbare
Liquidität

miento para **capitalistas ociosos**, sino que tiene una importancia real en la financiación del desarrollo económico. En efecto, si bien no puede provocar por sí misma este desarrollo, su mal funcionamiento puede entorpecerlo en alto grado. Las **cotizaciones** pueden considerarse como un "barómetro" de la situación económica puesto que están en función directa de los **resultados empresariales**. Esta importancia es más visible en el caso de las bolsas de materias primas o en las de **divisas**, que constituyen el mercado donde la oferta y la demanda fijan los precios de los distintos productos o **monedas**. Por eso, cualquier intervención en estos mercados tiene consecuencias directas para el consumidor final. Naturalmente no se intercambian físicamente los productos (nadie se lleva cinco toneladas de arroz), sino los títulos que dan derecho a la compra o a la venta. [M.S.]

faule Kapitalisten

Notierungen

Ergebnisse der Unternehmen

Devisen

Währungen

bolsa (n.f.)
sin.:   mercado bursátil;
fam.: bolsista (n.m., *Börsenspekulant*); bursátil (adj.);
con.: la bolsa abre/cierra; fluctúa=oscila; sube/baja; la bolsa está agitada=inestable; tranquila/animada; débil/fuerte; la bolsa tiene tendencia al alza=alcista/a la baja; una empresa sale a bolsa; saca acciones a la bolsa; se retira de la bolsa; los títulos se cotizan en bolsa (*werden an der Börse gehandelt*)=están admitidos a cotización en bolsa (*an der Börse zugelassen*); especular en bolsa (*an der Börse spekulieren*); operar=jugar en bolsa (*an der Börse handeln*); la bolsa de valores (mobiliarios); la bolsa de=mercancías=materias primas; la bolsa de divisas; el alza de la bolsa (*Börsenhausse*); el ambiente de la bolsa (*Börsenstimmung*); la apertura/el cierre de la sesión de bolsa=bursátil (*Eröffnung/Schluß des Börsentags*); el agente de cambio y bolsa (*Börsenmakler*); la operación de bolsa (*Börsengeschäft*); el índice de la bolsa=bursátil (*Börsenindex*).

LOS ÍNDICES BURSÁTILES

Börsenindexe

Los índices búrsatiles son indicadores de la **evolución de los precios** en los **mercados de valores (bolsas)**, es decir, se usan para mostrar el movimiento general del mercado.
Existen índices para cualquier tipo de **título**, sin embargo, los más conocidos son los **índices de acciones**.

Preisentwicklung; Wertpapiermärkte; Börsen

Wertpapier
Aktienindexe

A lo largo de una **sesión bursátil** el precio de las acciones va variando. Al acabar la sesión cada título queda con un valor que será el mismo al que iniciará la sesión del día siguiente. Es muy difícil evaluar la estabilidad o la tendencia en el precio de un activo sólo observando el **valor final** y el **valor inicial** de cada sesión, porque en ella el valor puede haber estado **cotizando** a precios muy distintos y se pueden haber **intercambiado** muchos o pocos títulos.

Börsensitzung

Schlußkurs
Eröffnungskurs
notieren
handeln

Con los índices bursátiles se intenta dar una idea de cómo ha evolucionado en una sesión o en un periodo el conjunto del mercado. De esta manera se puede comparar la evolución de una determinada acción con la del conjunto de las acciones (lo que por ej. es importante para saber si el título que poseemos sufre mucha o poca variación y, por lo tanto, si implica más o menos riesgo).

El cálculo de los índices puede realizarse de formas muy diversas y cada una de las instituciones que los calculan escoge el sistema que le parece que representa mejor el funcionamiento del mercado.
Normalmente las **sociedades rectoras** de las bolsas establecen el índice de la bolsa que controlan, pero también existen los índices calculados por periódicos (La Vanguardia, el Financial Times, etc.), por compañías financieras (bancos, **sociedades inversoras**) o por particulares,

Börsenkammern

Investmentgesellschaften

como lo fue el Dow Jones, que hoy es el índice de más tradición en la Bolsa de Nueva York.

Para el cálculo de un índice lo primero que hay que determinar es el tipo de acciones que desean considerarse y que formarán parte de la **muestra representativa** de todo el mercado. Esta muestra se elige normalmente según criterios tales como la dimensión de las empresas consideradas, la cantidad de **recursos propios**, las **cifras de negocios**, etc.
Los índices bursátiles son generalmente una **media ponderada**, lo que quiere decir que para calcularlos se toman en cuenta factores como la **capitalización bursátil** de una empresa (**curso** de las acciones de una empresa multiplicado por el número de acciones que componen el **capital social**), el **volumen de contratación**, etc.
En ocasiones, se han propuesto índices no ponderados, construidos entonces como medias simples: tal es el caso del índice Dow-Jones Industrial de la Bolsa de Nueva York. [M.S.]

repräsentative Stichprobe

Eigenmittel
Umsatzerlöse
gewogener Durchschnitt

Börsenkapitalisierung;
Kurs
Grundkapital
Börsenumsatz

Los índices bursátiles más conocidos

- Bolsa de Nueva York   Dow Jones Industrial Average
- Bolsa de Tokio   Nikkei 225
- Bolsa de Londres   FT-SE 100
                         (Financial Times - London Stock Exchange 100)
- Bolsa de Francfort   DAX
                         (Deutscher Aktien Index)
- Bolsa de París   CAC-40
                         (Compagnie des Agents de Change 40)

LOS FONDOS DE INVERSIÓN

Investmentfonds

Un fondo de inversión está compuesto por los **capitales** de varios **inversores** que desean **colocar sus ahorros** en los **mercados financieros**.

Kapital; Investoren
ihre Ersparnisse anlegen;
Finanzmärkte

El objetivo es obtener más **rentabilidad** que en un **depósito bancario** pero, al mismo tiempo, no tener que **asumir la gestión de este patrimonio**.

Ertrag
Bankeinlage
die Verwaltung dieses
Vermögens übernehmen

El capital de cada uno de los inversores forma **una participación** (parte alícuota del patrimonio total del fondo) que se entrega a una **sociedad gestora**. Ésta es una **sociedad anónima** (con unos **accionistas** que no tienen que coincidir con los **partícipes** del fondo) cuyo único **objeto social** es la administración de fondos de inversión (pueden ser varios). Esta sociedad gestora debe **responder ante los partícipes de su correcta gestión** y determinar el valor de las participaciones.

Anteil
Investmentfondsgesell.
Aktiengesellschaft
Aktionäre
Anteilsinhaber;
Geschäftsbereich

vor den Teilhabern die
korrekte Führung verantworten

Para proteger al inversor la legislación española obliga a que los **títulos** donde se han colocado los **fondos** de los partícipes **estén custodiados por un banco depositario**. Por eso, las sociedades gestoras son normalmente **filiales** de bancos.

Wertpapiere
Mittel; von einer Depotbank verwahrt werden
Tochterfirmen

Según el tipo de valores en los que se invierte el dinero del fondo se distingue entre:

- **fondos de inversión mobiliaria** (que invierten en **títulos valores** como **acciones, obligaciones**, etc.),
- **fondos de inversión en activos del mercado monetario** (**divisas, títulos a corto plazo**, etc.) y
- **fondos de inversión inmobiliaria** (inversión en terrenos, edificios, etc.).

Wertpapierfonds
Wertpapiere; Aktien;
Anleihen
Geldmarktfonds
Devisen; Wertpapiere mit
kurzer Laufzeit
Immobilienfonds

Además los fondos de inversión mobiliaria se pueden clasificar en:

- **fondos de renta fija** (inversión en obligaciones, etc.), — Rentenfonds
- **fondos de renta variable** (inversión en acciones) y — Aktienfonds
- **fondos mixtos** (inversión tanto en renta fija como variable). — gemischte Fonds

Esta clasificación es de suma importancia para el inversor, así puede valorar **el riesgo** y **la rentabilidad** de su inversión. Por una parte invertir en renta variable es más arriesgado que en renta fija, por otra, la rentabilidad de la renta variable puede ser mayor (si el fondo actúa con éxito) que en el caso de la renta fija. — Risiko; Ertrag

Los fondos de inversión tienen una ventaja adicional: **diversifican las inversiones** con mayor facilidad que un **ahorrador** particular porque disponen de mejor información y **medios**. De esta manera reducen el riesgo de la inversión, porque si ésta se reparte en muchos títulos, es más probable que se llegue a compensar la pérdida en un título con la ganancia en otro. — die Investition streuen / Sparer / Mittel

La rentabilidad de las participaciones en los fondos no sólo proviene del **pago de intereses** o **dividendos**. Las ganancias que un fondo procura al partícipe se originan por las **plusvalías** que hayan conocido los títulos en los que el fondo ha invertido el dinero. Si en el tiempo en el que un partícipe ha estado dentro del fondo el valor de los títulos ha aumentado, entonces también ha aumentado el valor de su participación. Sólo cuando el inversor venda la participación **disfrutará de un beneficio**. [M.S.] — Zahlung von Zinsen / Dividenden / Wertsteigerungen / einen Gewinn erhalten

LA ACCIÓN

Aktie

Una acción es un **título** que representa una **parte alícuota** del capital de una **sociedad anónima**. Una persona que compra acciones de una sociedad se convierte en **copropietario** de la misma con los derechos y deberes que ello implica. En la acción consta el **valor nominal**, el número de unidades monetarias que representa esta parte alícuota y que se calcula dividiendo el **capital social** de la empresa por el **número de acciones emitidas**. Sin embargo, el precio al que puede comprarse no coincide normalmente con este valor nominal, sino que depende de la **cotización** de la acción **en bolsa**. De esta manera, el **valor real está en función de la situación de oferta y demanda** en la bolsa.
Entre los derechos más destacables está el participar en los **beneficios**, **cobrando el dividendo** que la **junta general de accionistas** decide **repartir** cada **ejercicio**. La acción no incorpora ningún compromiso de rentabilidad futura, es decir, si la empresa no tiene beneficios o si la junta decide **reinvertirlos** no se reparte ningún dividendo. Como título que representa la propiedad de una empresa, la acción no tiene límite temporal prefijado, durará tanto como dure la empresa.
Sólo en caso de **pérdidas**, la compañía, si no consigue más **fondos**, puede verse forzada a reducir su capital social (de esta manera reduce el **pasivo** en su **balance**), con lo que la acción verá disminuir su valor nominal (hasta cero en caso de **quiebra**).
Mientras que estas pérdidas en el valor nominal de una acción solamente se dan en estos casos extremos, en cada **sesión bursátil** se producen continuamente cambios en la cotización. La cotización de la acción en bolsa es el precio al que **oferentes y demandantes** intercambian las acciones. Mediante la oferta y la demanda de títulos a distintos precios los **agentes econó-**

Wertpapier
aliquoter Anteil; Aktiengesellschaft
Miteigentümer

Nominalwert

Grundkapital; Anzahl der ausgegebenen Aktien

Börsenkurs
der Kurswert hängt von Angebot und Nachfrage ab
Gewinne; Dividende beziehen; Hauptversammlung; ausschütten; Geschäftsjahr

wieder zu investieren

Verluste
Mittel

Passiva; Bilanz

Konkurs

Börsensitzung

Anbieter und Nachfrager

Wirtschaftssubjekte

micos muestran sus expectativas respecto a la rentabilidad de la compañía. La ganancia de una acción no se limita al dividendo que se cobra cada año, sino que se mide por la diferencia entre **el precio de compra** y **el precio de venta**. La mayoría de los **inversores** acuden a los títulos de renta variable atraídos más por las **plusvalías** que se derivan de vender más caro de lo que se ha comprado, que por el dividendo que puedan cobrar. [M.S.]

Ankaufspreis; Verkaufspreis; Investoren

Wertzuwächse

acción (n.f.)
fam.: accionista (n.m., *Aktionär*); accionariado (n.m., *Aktionäre*);
con.: comprar=adquirir/vender acciones; emitir acciones (*Aktien ausgeben*); suscribir acciones (*Aktien zeichnen*); admitir acciones a cotización en bolsa (*Aktien zur Börsennotierung zulassen*); las acciones pierden/ganan valor (*im Wert steigen/fallen*); una acción proporciona dividendos;
acción ordinaria (*Stammaktie*); acción nominativa (*Namensaktie*); acción preferente (*Vorzugsaktie*); con derecho a voto (*Berechtigungsaktie*); acciones (no) cotizables (*(nicht) börsenfähige Aktien*);
el alza=la subida/la bajada de las acciones (*Aktienhausse/Aktiensturz*); el dividendo de una acción; el canje de acciones (*Aktienumtausch*); el capital en acciones (*Aktienkapital*); la contratación de acciones (*Aktienhandel*); la cotización de una acción (*Aktienkurs*); la mayoría de acciones (*Aktienmehrheit*); el paquete de acciones (*Aktienpaket*); la cartera de acciones (*Aktienportefeuille*); el propietario de la mayoría de las acciones (*Mehrheitsaktionär*); el titular de una acción (*Aktienbesitzer*);
accionista (n.m.): junta general de accionistas (Hauptversammlung); accionista mayoritario (*Mehrheitsaktionär*);

cotización (n.f.)
fam.: cotizar(se) (v.); cotizable (adj.);
con.: la cotización sube/baja (*steigt/fällt*); se mantiene=se sostiene (bleibt unverändert);
cotización al alza/a la baja (*steigender/fallender Kurs*); cotización de apertura/de cierre (*Anfangs-/Schlußkurs*); cotización de una moneda extranjera (*Kurs einer Fremdwährung*);
el alza=el incremento=la subida/la caída=la bajada de la cotización (*Kurssteigerung/Kursabschwächung*);
cotizarse (v.): una acción se cotiza en bolsa a X pesetas; se cotiza alto o bajo (*hoch/niedrig im Kurs stehen*).

LAS OBLIGACIONES Y LOS BONOS

Al contrario de las **acciones**, los bonos y obligaciones son casi siempre **títulos de renta fija**, por lo tanto su poseedor conoce el momento y la cantidad de los **intereses** que va a cobrar.

Antiguamente, para tener derecho al cobro de los intereses era necesario recortar el **cupón** correspondiente a cada periodo, que llevaba incorporado el título. De ahí que los intereses que **devengan** las obligaciones y los bonos se denominen "cupones".
El hecho de que el poseedor cobre intereses procede de la naturaleza de la **emisión** de obligaciones y bonos porque en ambos casos se trata de títulos que proceden de la emisión de un **empréstito**. Esto quiere decir que el título reconoce la **deuda** que una **corporación** (sea el Estado o una gran empresa) **contrae** con el **suscriptor**. Al suscribir el empréstito el **inversor** está prestando a la empresa sus **fondos** para todo el periodo de vida del título.
El capital invertido no suele recuperarse antes del momento previsto para la **amortización** del empréstito. De esta manera, el **obligacionista** no se convierte en propietario de la empresa (como en el caso de las acciones), sino en **acreedor** de la misma, lo que implica que no tiene ningún derecho a participar en la **gestión** de la entidad.

Originalmente, la diferencia entre obligaciones y bonos consistía en el **plazo de amortización** del empréstito. Mientras que las obligaciones implicaban una **deuda a largo plazo**, es decir de cinco a treinta años, los bonos preveían un **plazo medio** (hasta cinco años). Sin embargo, en la actualidad esta diferencia tiende a desaparecer y, a veces, se usa el término "bono" también para títulos de renta fija a largo plazo.

Obligationen und Schuldverschreibungen*
Aktien
festverzinsliche Papiere
Zinsen

Kupon

abwerfen

Ausgabe

Anleihe*
Schuld; Körperschaft
eingehen; Unterzeichner
Anleger
Mittel

Rückzahlung
Obligationeninhaber

Gläubiger

Führung

Tilgungsfrist

Schuld mit langer Laufzeit
mittlere Laufzeit

Los inversores que **colocan sus ahorros** en estos títulos quieren asegurarse una **rentabilidad** segura a medio y largo plazo. Normalmente esta rentabilidad supera la que pueden ofrecer los **depósitos bancarios**, pero su **grado de liquidez** es algo menor.	ihre Ersparnisse anlegen Ertrag

Bankeinlagen; Liquiditätsgrad |
| Como hemos dicho, el dinero invertido en obligaciones y bonos no se recupera antes de que expire el plazo de amortización del título. Esto implica que un acreedor que necesite **dinero líquido** antes del **vencimiento** tiene que buscar a otra persona dispuesta a comprarle sus derechos. Este proceso se realiza más fácilmente si los títulos **se negocian en bolsa**, sin embargo, sigue siendo algo más arriesgado que en el caso de las **cuentas bancarias** en las que el banco garantiza la devolución del **dinero ingresado**. | flüssige Mittel Fälligkeit

an der Börse gehandelt werden Bankkonten eingezahltes Geld |
| En determinados casos el empréstito no prevé el **pago de intereses** antes del vencimiento del título, es decir, el inversor recibe en el momento de la amortización el capital inicial más todos los intereses **devengados** hasta este momento. Se habla entonces de **obligaciones o bonos de "cupón cero"**. [M.S.] | Zahlung von Zinsen

hier: angefallenen Null-Kupon-Anleihen |

*Atención: En la terminología alemana el término "Anleihe" designa tanto la forma de crédito (die Kreditart = empréstito) como el título-valor (das Wertpapier) que lo materializa. Con este segundo significado se usan prácticamente como sinónimos: "Anleihe", "Obligation", y "Schuldverschreibung".

LA OPCIÓN

La opción es un **contrato** que da derecho a su propietario a comprar o vender un bien a un precio fijo y en un momento determinado (opción europea) o dentro de un periodo de tiempo (opción americana). Este bien, que recibe el nombre de **activo subyacente**, teóricamente puede tener cualquier naturaleza (un piso, un cuadro etc.), pero en los mercados organizados se negocian opciones sobre **activos financieros**, principalmente **acciones**. Por eso, las opciones (como los **contratos de futuros**) se consideran **productos derivados**, puesto que lo que se negocia es un **derecho** sobre otro activo. Éste no tiene por qué tener una existencia física, sino que puede ser un concepto como un **tipo de interés**.

Existen dos tipos de opciones: **opciones de compra** y **opciones de venta**.
Una persona que compra, por ejemplo, una **opción de compra sobre una acción** adquiere el derecho a comprar esta acción a una **cotización** establecida en un día (o periodo) concreto. Si ese día la cotización de la acción está por encima del valor previsto en la opción, resultará rentable **ejercer el derecho de compra** al precio anteriormente establecido. Si, por el contrario, la cotización de la acción está por debajo, no interesa ejercer este derecho, porque resulta más rentable comprar la acción en el **mercado al contado**. En este caso el comprador de la opción ha perdido el dinero invertido en su compra.
Con las opciones de venta ocurre exactamente lo mismo, sólo que no se prevé un acto de compra del activo subyacente sino un acto de venta. El comprador de la opción de venta adquiere el derecho a vender la acción a un determinado precio. Si el día de ejercicio la cotización de la acción está por debajo del precio fijado, le interesa ejercer el derecho de venta. Si está por encima, no lo va a ejercer.

Option

Vertrag

Basiswert

Geldvermögenswerte
Aktien
Futures
derivative Produkte
Anrecht

Zinssatz

Kaufoptionen
Verkaufsoptionen

Kaufoption auf eine Aktie
Kurs

das Kaufrecht ausüben

Kassamarkt

Sin embargo, a muchos inversores no les interesa comprar o vender el activo subyacente. Dado que la opción también se negocia, es decir, los derechos a comprar y vender se valoran y se intercambian en los **mercados financieros**, pueden obtenerse importantes plusvalías intercambiando las opciones antes de su vencimiento.

Finanzmärkte

¿Para qué sirve una opción?
En primer lugar, una opción sirve para asegurar la compra o la venta del activo subyacente en el futuro y, además, a un precio ya establecido. De esta manera, el propietario del bien subyacente, comprando una opción de venta, se protege contra una **pérdida de valor** de su bien. De igual forma, quien quiera comprar el activo subyacente se protege contra subidas no deseadas del precio de este bien mediante la compra de una opción de compra.

Wertverlust

La compra de una opción puede considerarse como la **contratación de un seguro**. El coste del seguro equivale al **precio de la opción** que se denomina **prima**.

Abschluß einer Versicherung; Optionspreis
Prämie

La venta de las opciones se asocia más con **fines especulativos**, pero su combinación con las operaciones de compra da lugar a **estrategias de inversión** muy sofisticadas. [J.M./J.S.]

spekulative Ziele
Investitionsstrategien

opción (n.f.)
fam.: optar (v., *optieren*); opcional (adj.);
con: comprar=adquirir/vender una opción; negociar opciones; ejercer una opción (*ein Optionsrecht ausüben*);
    opción de compra=opción call/opción de venta=opción put;
    opción sobre acciones, índices bursátiles, tipos de interés, commodities=materias primas y productos básicos;
    el precio=la prima de una opción; la cláusula de una opción; el plazo de una opción=la fecha de ejercicio de una opción (*Optionsfrist*).

LOS CONTRATOS DE FUTUROS

Futures

Un contrato de futuros establece el precio y la calidad de un determinado bien (el **activo subyacente**) que se entregará en un momento futuro. Teóricamente la compra de un contrato de futuros obliga a comprar el activo subyacente (con el precio acordado y en el momento pactado); la venta de un contrato de futuros obliga a vender el activo subyacente al precio fijado.

Basiswert

Sin embargo, el objetivo del mercado de futuros no es la transacción física de los productos, sino el intercambio de **contratos**. Así se permite que accedan a dichos mercados, aparte de los productores y consumidores del activo subyacente, toda clase de **agentes económicos** que deseen **asegurar precios** en el futuro. Esto a simple vista puede parecer absurdo, porque ¿quiénes si no los vendedores y compradores de un producto pueden tener interés en asegurar precios? Obviamente un **productor de trigo** tiene interés en asegurarse la venta de su **cosecha**. De igual manera una fábrica de harina quiere asegurar el precio de compra del trigo. Los dos pueden llegar a un compromiso mediante un contrato donde se especifique una **entrega y** un **pago diferidos** en el tiempo. Este procedimiento sólo es posible si las dos partes confían entre sí y se ponen de acuerdo o si existe un mercado organizado que garantice que los compradores y vendedores a plazo cumplirán sus compromisos.

Verträge

Wirtschaftssubjekte
Preise absichern

Weizenproduzent
Ernte

verzögerte Lieferung und Bezahlung

Sin embargo, aparte de estos dos agentes hay otras empresas muy interesadas en las evoluciones del precio del trigo. Son aquéllas que tienen como **materias primas** productos derivados del trigo. Si sube el precio del trigo también subirá el precio de la harina y también se encarecerán sus compras. Así una **cadena de hamburgueserías** necesita panecillos cuyo precio fluctúa con el del trigo. Para asegurar el precio de estos panecillos esta empresa puede acudir a la compra de contratos de futuros.

Rohstoffe

Hamburgerkette

El **comprador del contrato** está obligado a pagar el precio convenido cuando llega el día del **vencimiento**. Si el **precio al contado** del producto (del activo subyacente) está por encima del precio previsto en el futuro, el órgano que administra el mercado (la **cámara de compensación**) pagará la diferencia. Si está por debajo, el comprador del contrato de futuros deberá pagar a la cámara la diferencia. Por el contrario, la persona que adopta la posición de **vendedor del contrato** está obligada a pagar a la cámara si el precio al contado está por encima del fijado en el contrato de futuro y se llevará la diferencia si está por debajo. De esta manera se evita la transacción física que supondría comprar y vender en el **mercado al contado**.
En nuestro ejemplo la cadena de hamburgueserías quería asegurar un precio para los panecillos. Como el precio de éstos depende del precio del trigo ha comprado contratos de futuros sobre trigo para **abastecerse** a un coste fijo. Ahora pueden ocurrir dos cosas: El precio al contado está por encima del previsto en el contrato de futuros. En este caso la empresa recibe de la cámara el dinero para pagar la diferencia entre lo que quería pagar y lo que realmente en este momento tiene que pagar. Si el precio ha bajado, la empresa deberá pagar esta diferencia a la cámara. En los dos casos la cadena de hamburgueserías ha asegurado el coste (en el segundo caso lo que tiene que pagar puede considerarse como la **prima de un seguro**).
Los contratos de futuros sobre materias primas son más bien la excepción en los países europeos. Sin embargo, los **futuros financieros** están presentes en casi todos los mercados. Funcionan exactamente de la misma manera, sólo que el activo subyacente es un **producto financiero** (por ej. un **ahorrador** y un **banco** que quieren asegurar un determinado **tipo de interés**). [J.M./J.S.]

Futurekäufer

Fälligkeit; Kassapreis

Clearingstelle

Futureverkäufer

Kassamarkt

sich eindecken

Versicherungsprämie

Finanzterminkontrakte

Finanzinstrument
Sparer; Bank
Zinssatz

EL SEGURO

Versicherung

En el mundo de los negocios es vital minimizar las **incertidumbres**. Difícilmente se encuentran **operaciones mercantiles** libres de **riesgo** y la correcta valoración del riesgo en que se incurre es indispensable para una buena **gestión**.
Los seguros son **operaciones financieras**, en las que intervienen varios sujetos:
El **tomador**, que **contrata un seguro**, es decir firma el **contrato del seguro**, la llamada **póliza**.
El **asegurado**, que es la persona cuya vida o cuyos intereses económicos **se aseguran** (y que, por tanto, en la mayoría de los casos coincide con el tomador).
El **asegurador** (una **compañía de seguros**), que acepta **cubrir el riesgo** a cambio de la entrega de un capital (normalmente dividido en cuotas periódicas, llamadas **primas**).
El **beneficiario**, que es la persona que cobra la **indemnización en caso de siniestro**. Muchas veces coincide con el asegurado pero puede no ser así, como ocurre muchas veces en el caso del **seguro de vida**.

Unsicherheiten; Geschäftsoperationen; Risiko
Führung
Finanzoperationen

Versicherungsnehmer; Vers. abschließen; Vers.-vertrag; Polizze; Versicherter; versichert werden

Versicherer; Vers.gesellschaft; das Risiko decken
Prämien
Begünstigter
Entschädigung; im Schadensfall

Lebensversicherung

La mayoría del negocio de los seguros se concentra en el ramo del automóvil, del seguro de vida y de la **asistencia sanitaria**. Sin embargo, existen muchos otros tipos de siniestros que pueden asegurarse, desde transportes aéreos a cosechas de cereales pasando por los animales de una granja.

Gesundheitswesen

Para fijar la indemnización a pagar, así como las **cuotas de** un **seguro**, las compañías de seguros tienen que determinar tanto el valor del objeto asegurado como las probabilidades de que ocurra el siniestro y el **perjuicio** que puede causar. Debido a las graves consecuencias de ciertos hechos, el Estado establece algunos **seguros obligatorios**. Pensemos por ej. en el sistema de **Seguridad Social** obligatoria o en los **seguros**

Versicherungsraten

Schaden

Pflichtversicherungen
Sozialversicherung

de **responsabilidad civil** que han de tener los propietarios de un coche.

Haftpflichtversicherung

Puesto que en muchos países el Estado fomenta la **contratación de** ciertos **seguros**, especialmente de los seguros de vida, mediante **facilidades fiscales**, éstos se consideran cada vez más una forma de **inversión financiera** donde colocar los ahorros.

Abschluß v. Versicherungen; Steuererleichterungen
Geldanlage; die Ersparnisse anlegen

La **quiebra** de una compañía de seguros puede terminar con los ahorros de sus clientes. Por eso y además porque en el sector de los seguros se manejan grandes sumas de dinero, el Estado regula y controla estrechamente todo el **negocio asegurador**. Exige a las **compañías aseguradoras** que una parte de sus ingresos se destine a formar unas reservas especiales con el fin de garantizar su capacidad para hacer frente a los riesgos asegurados. Estas reservas tienen que colocarse en **activos financieros** con una rentabilidad muy segura (por ej. **préstamos hipotecarios, inmuebles**) pero también rápidamente convertibles en **dinero líquido**. [J.M./M.P./J.S.]

Bankrott

Versicherungsgeschäft
Versicherungs-
gesellschaft

Geldvermögenswerte
Hypothekardarlehen
Immobilien
flüssige Mittel

---

seguro (n.m.)
fam.: asegurar(se); asegurado (n.m., adj); asegurador (n.m.;adj.); seguridad (n.f.);
con.: contratar=suscribir un seguro; tener un seguro=estar asegurado;
    seguro de vida; de responsabilidad civil; de enfermedad; de/contra accidentes; contra incendios; contra robos;
    la prima del seguro; la cuota del seguro; la póliza del seguro; la cobertura del seguro (*Deckung der Versicherung*); las prestaciones de indemnización del seguro (*Versicherungsleistungen*);
    la compañía de seguros; el agente de seguros (*Versicherungsvertreter*); el corredor de seguros (*Versicherungsmakler*);
    el tomador del seguro; el beneficiario del seguro;
    el médico del seguro; el hospital del...; la clínica del...; el ambulatorio del seguro (=de la Seguridad Social).

EL SISTEMA FINANCIERO ESPAÑOL

Das spanische Finanzsystem

Por sistema financiero de un país se entiende el conjunto de las instituciones públicas y privadas que facilitan la **conversión del ahorro en financiación de las inversiones**.

Umwandlung der Ersparnisse in Investitionsfinanzierung

Abarca tanto los organismos que tienen como objetivo organizar y regular este sistema como aquellos que verdaderamente cumplen la función de **intermediarios financieros**.

Vermittler im Finanzwesen

Por lo tanto, el **Ministerio de Economía y Hacienda** es la máxima autoridad de este sistema. De él dependen, con mayor o menor autonomía, una serie de organismos que coordinan y vigilan el cumplimiento de las normas establecidas por el Estado. De entre ellos destacan:

Wirtschafts- und Finanzministerium

- el **banco central** (Banco de España),
- la **Comisión Nacional del Mercado de Valores** (máxima autoridad sobre las **bolsas**),
- la **Dirección General de Seguros** (regulación de las **compañías de seguros**) y
- la **Dirección General del Tesoro y Política Financiera** (encargada de la **colocación de deuda pública**).

Zentralbank
Nationale Börsenkommission; Börsen
Generaldirektion für Versicherungen; Vers.-ges.
Generaldirektion der Staatskasse und Finanzpolitik; Plazierung von Staatsschuld

Mientras el Banco de España controla las **entidades bancarias** (bancos y cajas de ahorros), los demás organismos controlan otras entidades no bancarias, pero con un gran peso en la intermediación financiera.

Bankinstitute
Sparkassen

Las entidades más destacables al respecto son las **bolsas de valores**.
En España hay cuatro (Barcelona, Bilbao, Madrid, Valencia), cada una de ellas dirigida por su propia **sociedad rectora**. Pero además funciona una bolsa totalmente informatizada, denominada **mercado continuo**, en la que intervienen las

Wertpapierbörsen

Börsenvorstand

Computerbörse

cuatro sociedades rectoras. La Comisión Nacional del Mercado de Valores supervisa la actuación de éstas así como de los distintos intermediarios (por ej. **fondos de inversión**) que se dedican a **invertir** en:
- los **mercados de renta fija** (en **obligaciones**),
- los **mercados de renta variable** (en **acciones**) y
- los **mercados de productos derivados** (en **opciones** y **futuros**).

Investmentfonds
investieren
Markt f. festverzinsl. Wertpapiere; Anleihen
Markt f. variabel verzinsl. Wertpapiere; Aktien
Markt für Derivative
Optionen; Futures

Las compañías de seguros, en tanto que consumidoras del ahorro, intermedian en el sistema financiero y repercuten de forma considerable sobre los **tipos de interés** y otras variables de la **política monetaria y financiera**. Por esta razón el ministerio regula y controla su funcionamiento a través de la Dirección General de Seguros.

Zinssätze
Geld- und Finanzpolitik

La Dirección General del Tesoro y Política Financiera tiene un papel primordial en la evolución de los tipos de interés **emitiendo deuda pública** y controlando la **masa monetaria**. Pero además, vigila el funcionamiento de las compañías de leasing, factoring y otras instituciones financieras no bancarias. [J.M./J.S.]

Staatsschuld begeben
Geldmenge

Siglas y abreviaturas económicas y generales más comunes:

AELC (la)	Asociación Europea de Libre Comercio (normalmente se utilizan las siglas inglesas → **EFTA**)
AIESEC (la)	Asociación Internacional de Estudiantes de Ciencias Económicas y Empresariales
ALADI (la)	Asociación Latinoamericana de Integración
ALALC (la)	Asociación Latinoamericana de Libre Comercio (ahora → **ALADI**)
APEC (la)	Cooperación Económica Asia-Pacífico
AVE (el)	Alta Velocidad Española (tren rápido entre Madrid y Sevilla)
ASEAN (la)	Asociación de Naciones del Sudeste Asiático
AVIACO	Aviación y Comercio (compañía aérea estatal española)
BANESTO (el)	Banco Español de Crédito
BBV (el)	Banco Bilbao-Vizcaya
BCH (el)	Banco Central-Hispano
Bco.	banco
BENELUX (el)	Unión económica de Bélgica, Luxemburgo y Países Bajos
BID (el)	Banco Interamericano de Desarrollo
BIRD (el)	Banco Internacional para la Reconstrucción y el Desarrollo
BM (el)	Banco Mundial
BOE (el)	Boletín Oficial del Estado
BP (el)	Banco Popular
BUP (el)	Bachillerato Unificado Polivalente (enseñanza media)
CA	Comunidad Autónoma (región política española)
CAME (el)	Consejo de Ayuda Mutua Económica (normalmente se utilizaban las siglas inglesas → **COMECON**)
CCI	Cámara de Comercio e Industria
CCAA	Comunidades Autónomas
CCOO	Comisiones Obreras (sindicato mayoritario español, comunista)
CD (el)	Cuerpo Diplomático
CE (la)	Comunidad Europea (ahora → **UE**)
CECA (la)	Comunidad Económica del Carbón y del Acero
CECA (la)	Confederación Española de Cajas de Ahorro
CEE (la)	Comunidad Económica Europea (ahora → **UE**)
CEOE (la)	Confederación Española de Organizaciones Empresariales (organización patronal de la gran empresa española)

CEI (la)	Comunidad de Estados Independientes (de los países de la antigua → **URSS**)
CEPAL (la)	Comisión Económica para América Latina (sección de la → **ONU**)
CEPYME (la)	Confederación Española de la Pequeña y Mediana Empresa (organización patronal)
Cía.	compañía (de tipo mercantil)
COMECON (el)	→ **CAME**
COU (el)	Curso de Orientación Universitaria (para el ingreso a la Universidad)
C.V.	curriculum vitae
DNI (el)	documento nacional de identidad (obligatorio para todos los españoles)
Dr.	doctor
E	España (distintivo nacional, matrícula de coches, aviones etc.)
ECOFIN (el)	Consejo de Ministros de Economía y Finanzas (de la → **UE**)
ECU (el)	Unidad de Cuenta Europea (moneda contable para transacciones monetarias entre los países de la → **UE**)
EEE (el)	Espacio Económico Europeo (entre → **EFTA** y → **UE**)
EEUU	Estados Unidos (de América)
EFTA (la)	→ **AELC**
EGB (la)	Educación General Básica (educación primaria)
EPA (la)	Encuesta sobre la Poblacion Activa (estimación del paro en España)
ETA (la)	Del vasco, Euzko ta Askatasuna: Libertad para el País Vasco (grupo terrorista independentista)
EURATOM (el)	Agencia Europea para la Energía Atómica
FAO (la)	Organización para la Alimentación y la Agricultura (organismo de la → **ONU**)
fdo.	firmado
FEVE (la)	Ferrocarriles Españoles de Vía Estrecha
FFCC	ferrocarriles
FMI (el)	Fondo Monetario Internacional
FP (la)	Formación Profesional
G-7	Grupo de los 7 (grupo de coordinación de los siete países más ricos del mundo)
GATT (el)	Acuerdo General sobre Aranceles y Comercio (ahora → **OMC**)
Gran (el)	Grupo Andino (Bolivia, Colombia, Ecuador, Perú, Venezuela)

Hno(s).	hermano o hermanos (en una razón comercial)
IATA (la)	Asociación Internacional del Transporte Aéreo
ICONA (el)	Instituto para la Conservación de la Naturaleza
IDA (el)	Agencia Internacional de Desarrollo
IME (el)	Instituto Monetario Europeo (dependiente de la → **UE**)
INE (el)	Instituto Nacional de Estadística
INEM (el)	Instituto Nacional de Empleo
INI (el)	Instituto Nacional de Industria
IPC (el)	índice de precios al consumo (medida de la inflación)
IRPF (el)	impuesto sobre la renta de las personas físicas (impuesto directo)
IU	Izquierda Unida (agrupación electoral pro-comunista)
IVA (el)	impuesto sobre el valor añadido (impuesto indirecto)
JJOO	Juegos Olímpicos
l/	letra (de cambio)
Ldo.	licenciado
Lic.	→ **Ldo.**
Mercosur (el)	Mercado Común del Sur (entre Argentina, Brasil, Paraguay y Uruguay)
MOPTMA (el)	Ministerio de Obras Públicas, Transporte y Medio Ambiente
NAFTA (el)	→ **TLC**
NIF (el)	número de identificación fiscal (obligatorio en España para transacciones mercantiles)
OCDE (la)	Organización para la Cooperación y el Desarrollo Económico
OEA (la)	Organización de los Estados Americanos
OIT (la)	Organización Internacional del Trabajo
OMC (la)	Organización Mundial de Comercio (sucesora del → **GATT**)
ONG (las)	organizaciones no gubernamentales (privadas)
ONU (la)	Organización de las Naciones Unidas
ONUDI (la)	Organización de las Naciones Unidas para el Desarrollo Industrial
OPA (la)	oferta pública de adquisición (de acciones)
OPEP (la)	Organización de los Países Exportadores de Petróleo
OPV (la)	oferta pública de venta (de acciones)
OTAN (la)	Organización del Tratado del Atlántico Norte

PAC (la)	Política Agrícola Común (de la → **UE**)
p.c.	per cápita (ej.: renta nacional p.c.)
PCE (el)	Partido Comunista Español
PECOS (los)	Países del Este y Centro de Europa (antiguos países comunistas europeos)
PEN (el)	Plan Energético Nacional
PFA (la)	producción final agraria
PFI (la)	producción final industrial
PIB (el)	producto interior bruto
PNB (el)	producto nacional bruto
PP (el)	Partido Popular
PSOE (el)	Partido Socialista Obrero Español
Ptas. Pts.	pesetas
PVP (el)	precio de venta al público (para un producto)
PYME (las)	pequeñas y medianas empresas
pymes (las)	→ **PYME**
RDA (la)	República Democrática Alemana (adherida a la → **RFA**)
RENFE (la)	Red Nacional de los Ferrocarriles Españoles
RFA (la)	República Federal Alemana
s.	siglo
S.A.	sociedad anónima
S.L.	sociedad limitada
SME (el)	Sistema Monetario Europeo
SS (la)	Seguridad Social
TAE (la)	tasa anual equivalente (tipo de interés calculado por año)
Talgo (el)	Tren Articulado Ligero Goicoechea Oriol (tren español de uso en España, Alemania, EEUU, etc.)
Tel.	teléfono
Telf.	→ **Tel.**
TLC (el)	Tratado de Libre Comercio (entre Estados Unidos, Canadá y México)
TVE	Televisión Española (estatal)
UE (la)	Unión Europea
UEM (la)	Unión Económica y Monetaria (→ **UE** tras la unión monetaria)
UGT (la)	Unión General de Trabajadores (sindicato socialista)
UNCTAD (la)	Conferencia de las Naciones Unidas sobre Comercio y Desarrollo
UNED (la)	Universidad Nacional de Educación a Distancia

UNESCO (la) Organización de las Naciones Unidas para Educación, Ciencia y Cultura
UNICEF (la) Fondo de las Naciones Unidas de Ayuda a la Infancia
URSS (la) Unión de Repúblicas Socialistas Soviéticas

(C.R.)

Índice alfabético (español - alemán):

acción - Aktie 71, 85, 87, 93, 122, 123, 127, **129**, 131, 133
acción nominativa - Namensaktie 76
accionista - Aktionär 77, 87, 107, 127
acreedor - Gläubiger 77, 85, 97, 101, 103, 131
activo - Vermögen(swert), Anlagegut, Aktivum 77, 85,105,121
activo financiero - Finanzanlage, Geldvermögenswert 6, 121, 133, 138
activo subyacente - Basiswert 133, 135
acuerdo de tipos de cambio - Wechselkursabkommen 114
adquisición de empresas - Übernahme von Betrieben 87
afiliación (a un sindicato) - Mitgliedschaft (bei e. Gewerkschaft) 51
afiliado a la Seguridad Social - sozialversichert 65
agencia/oficina de colocación - Arbeitsvermittlungsagentur 58, 62
agente comercial - Handelsvertreter 30
agente económico - Wirtschaftssubjekt 9, 19, 25, 99, 115, 121, 129, 135
agentes/interlocutores sociales - Sozialpartner 52, 53
agricultura/sector agrario - Landwirtschaft **3**, 20, 48, 68
ahorrador - Sparer, Anleger 7, 93, 95, 99, 123, 128, 136
ahorro - Sparen, Spargelder, Ersparnisse 6, **7**, 20, 44, 91, 123, 127, 132, 138
almacenaje - Lagerung 29
alquiler - Miete/Pacht 20, 69
amortización - Abschreibung 15, 80, **81**
amortización/reembolso (de un crédito) - Rückzahlung, Tilgung **97**, 131
aportación (a una empresa) - Einlage (in ein Unternehmen) 71, 73, 88
apreciación - Aufwertung 115
aprovisionamiento - Beschaffung 70
arancel - Zoll **31**, 36
asalariado - Lohn-/Gehaltsempfänger **45**, 56
asamblea general (de una cooperativa) - Generalversammlung (e. Genossenschaft) . 75
asegurado - Versicherter, geschützte Person 65, **137**
asegurador - Versicherer 137
asistencia sanitaria/sanidad - Gesundheitswesen 44, 54, **63**, 65, 137
auge (económico) - Wirtschaftsaufschwung 17, 57
avalista - Bürge 98
ayuda al desarrollo - Entwicklungshilfe 119
balance (de una empresa) - Bilanz **77**, 81, 107, 129
balance del ejercicio - Jahresbilanz 77
balanza comercial - Handelsbilanz 33
balanza de capital - Kapitalbilanz 34

balanza de mercancías - Warenbilanz 33
balanza de pagos - Zahlungsbilanz 33
balanza de servicios - Dienstleistungsbilanz 33
balanza de transferencias - Übertragungsbilanz 33
balanza por cuenta corriente - Leistungsbilanz 34
balanza por cuenta de capital - Kapitalbilanz 34
banca comercial - Kommerzbankwesen 93
banco/entidad bancaria - Bank 8, **91**, 99, 136, 139
banco central - Zentralbank 5, 34, 93, 100, **107**, 110, 111, 113, 117, 139
banco depositario - Depotbank 127
banco emisor - Notenbank 113
Banco Mundial - Weltbank 119
bandas de fluctuación/franjas de oscilación - Bandbreiten 114, 118
barrera comercial - Handelshemmnis 31
base imponible - Bemessungsgrundlage 37
beneficiario - Begünstigter 137
beneficio - Gewinn 6, 19, 33, 69, 75, 77, **79**, 81, 91, 93, 129
beneficio bruto - Bruttogewinn 80
beneficio neto - Reingewinn **80**, 92
bien (económico) - (Wirtschafts-)Gut, Ware **1**, 9, 15, 29, 46, 69, 77, 81
bien de capital - Kapitalgut **2**, 15
bien complementario - Komplementärgut 2
bien de consumo - Konsumgut 2
bien de consumo duradero - langlebiges Konsumgut **2**, 11
bien de consumo no duradero - kurzlebiges Konsumgut 2
bien de consumo perecedero - verderbliches Konsumgut 11
bien de equipo - Anlagegut 2
bien de inversión - Investitionsgut 2
bien de producción - Produktionsgut 82
bien final - Endprodukt **1**, 15
bien inferior - inferiores Gut 2
bien/producto inmaterial/intangible - immaterielles Gut **1**, 3, 46
bien intermedio - Zwischenprodukt **1**, 15
bien libre - freies Gut 1
bien/producto material/tangible - materielles Gut **1**, 3, 33
bien normal - normales Gut 2
bien perecedero - verderbliches Gut 2
bien privado - privates Gut 2
bien público - öffentliches Gut 2
bien sustitutivo - Substitutionsgut 2

bien/producto tangible/material - materielles Gut **1**, 3, 33
bienestar - Wohlstand 9, 16, 18, 38
billetes de banco - Banknoten **5**, 92, 118, 121
bloqueo económico - Wirtschaftsembargo 32
bolsa - Börse 71, 122, **123**, 125, 139
bolsa de valores (mobiliarios) - Wertpapierbörse **123**, 139
bolsa de materias primas - Rohstoffbörse 123
bono - Schuldverschreibung, Anleihe 97, 110, **131**
caja de ahorros - Sparkasse **93**,139
calidad de vida - Lebensqualität 18, 21
cámara de compensación - Clearingstelle 136
campaña de publicidad - Werbekampagne 89
canal de distribución - Absatzweg **29**, 90
capacidad adquisitiva/de compra, poder adquisitivo/de compra - Kaufkraft . 6, 22, 25, 28
capital - Kapital 73, 84, 85, 127
capital depositado - eingelegtes Kapital 99
capital inicial - Anfangskapital 97
capital inmobiliario - Real-/Sachkapital 20, 69
capital mobiliario - Geldkapital 20, 69
capital social - Grundkapital (AG), Stammkapital (GesmbH) 71, 73, 75, 87, 126, 129
capitalización bursátil - Börsenkapitalisierung 126
cártel - Kartell 9, 85
cartera de pedidos - Auftragsbestand 79
cartera de valores - Wertpapierbestand 85
casa/sociedad matriz - Muttergesellschaft 85
cash-flow - Cash-Flow 81
cédula hipotecaria - Pfandbrief 122
centro comercial - Einkaufszentrum 30
cesta de la compra - Warenkorb 27
cesta de monedas - Währungskorb 117
chapuza - Pfusch 68
cheque - Scheck 5, 92, 101, **103**
cheque al portador - Inhaberscheck 103
cheque conformado - beglaubigter Scheck 103
cheque de viaje - Reisescheck 92, **103**
cheque nominativo - Namensscheck 103
ciclo económico - Wirtschaftszyklus 17
cierre empresarial - Betriebsaussperrung 56
cifra de negocios - Umsatzerlös 19, **79**, 126
cifra de ventas - Absatz, Umsatz 79

cláusula de nación más favorecida - Meistbegünstigungsklausel 32
cliente - Kunde 89
clientela - Kunden, Kundschaft 106
comercialización - Vermarktung 86, **90**
comerciante - Händler 29
comercio/intercambio comercial - Handel 3, **29**, 31, 123
comercio al por mayor - Großhandel 29
comercio al por menor - Kleinhandel 29
comercio ambulante - Straßenhandel 24
comercio exterior - Außenhandel 114
comisión - Provision 19
comisión bancaria - Bankprovision 33
comité de empresa - Betriebsrat 55
compañía aseguradora/de seguros - Versicherungsgesellschaft **137**, 138, 139
compañía de leasing - Leasinggesellschaft 105
compañía de seguros/aseguradora - Versicherungsgesellschaft **137**, 138, 139
compensación por gastos - Aufwandsentschädigung 19
competencia - Konkurrenz 14, 31, 83, 89
competencia perfecta - vollkommener Wettbewerb 9
competidor - Konkurrent 13
competitividad - Konkurrenzfähigkeit 83, 115
compraventa - An- und Verkauf 36, 115
concentración empresarial - Unternehmenskonzentration 85
concertación social - Sozialpartnerschaft 50, 53
condiciones de trabajo - Arbeitsbedingungen 53
consejo de administración - Vorstand (e. Unternehmens) 72
consejo de vigilancia - Aufsichtsrat 72
consejo rector - Vorstand (einer Genossenschaft) 75
consorcio - Konsortium 88
construcción (sector de la ~) Bauwirtschaft 3, 20, 48, 68
consumidor - Verbraucher 2, 3, 11, 29, 38, 39, 89, 111, 115
consumidor final - Endverbraucher 29, 39
consumo - Konsum **7**, 29, 35, 44, 99
consumo final - Endverbrauch 1
contabilidad - Buchhaltung 70, 74, **77**, 79, 81, 92, 106
contabilidad nacional - volkswirtschaftliche Gesamtrechnung 4
contaminación (del medio ambiente) - (Umwelt-)Verschmutzung 16, 22
contingente - Kontingent 31
contrabando - Schmuggel 67
contraprestación - Gegenleistung 33, 35

contratación (de un trabajador) - Anstellung 47
contrato - Vertrag 49, 67, 133
contrato a tiempo completo - Vollzeitvertrag 47
contrato a tiempo parcial - Teilzeitvertrag 47
contrato de aprendizaje - Lehrvertrag 48
contrato de futuros - Future, Terminkontrakt 133, **135**, 140
contrato de prácticas - Praktikumsvertrag 48
contrato de trabajo/laboral - Arbeitsvertrag **47**, 56
contrato del seguro - Versicherungsvertrag 137
contrato fijo - fixer Vertrag 47
contrato indefinido - unbefristeter Vertrag **47**, 76
contrato laboral/de trabajo - Arbeitsvertrag **47**, 56
contrato temporal - befristeter Vertrag 47
contribución - Beitrag **35**, 43
contribuyente - Steuerzahler 35, 37
control en aduana - Zollkontrolle 31
convenio colectivo - Kollektivvertrag 50, **53**
convertibilidad (de una moneda) - Konvertierbarkeit 103
cooperativa - Genossenschaft 69, **75**, 102
cooperativa de consumo - Verbrauchergenossenschaft 75
copropietario - Miteigentümer 129
corporación - Körperschaft 131
corporación pública - öffentliche Körperschaft 35, 70, 98
coste de la mano de obra/laboral - Arbeitskosten 23, 84
coste de producción - Produktionskosten 69
coste laboral/de la mano de obra - Arbeitskosten 23, 84
cotización/curso (de una acción, de una moneda...) - Kurs, Notierung **124**, 126, 133
cotización en bolsa - Börsenkurs 129
cotización a la Seguridad Social - Sozialversicherungsbeitrag 36, 41, **63**, 65
cotizante - Beitragszahler 63, 66
coyuntura - Konjunktur 17
crecimiento económico - Wirtschaftswachstum 17
crédito - Kredit 7, 34, 91, **97**, 99, 107, 112, 119
cuenta (bancaria) - (Bank-)Konto 6, **95**, 107, 132
cuenta corriente - Girokonto 95
cuenta de ahorro - Sparkonto 95
cuenta de pérdidas y ganancias/de resultados - Gewinn- und Verlustrechnug . **77**, 81, 98
cuestionario - Fragebogen 89
cuota de alquiler - Leasingrate 105
cuota de amortización (de un bien) - Abschreibungsrate 81, 105

cuota de amortización (de un crédito) - Tilgungsrate 97
cuota de mercado - Marktanteil 25
cuota/prima de seguro - Versicherungsrate 136, **137**
cuota sindical - Gewerkschaftsbeitrag 51
cupón - Kupon 131
curso/cotización (de una acción ...) - Kurs, Notierung **124**, 126, 133
curva de demanda - Nachfragekurve 11
curva de oferta - Angebotskurve 11
declaración de la renta - Steuererklärung **37**, 42
deducción (fiscal) - (steuerlicher) Absetzbetrag 37
déficit público - öffentliches Defizit 43, 109
deflación - Deflation 25
defraudación del IVA - Hinterziehung der MwSt. 41
demanda - Nachfrage 9, **11**, 13, 111
demandante - Nachfrager 9, 11
depositante - Einleger 96
depósito (bancario) - (Bank-)Einlage 94, **95**, 99, 118, 127, 132
depósito de valor - Wertanlage 5, 121
depósito a la vista - Sichteinlage 95
depósito a plazo - Termineinlage 95
depósito de ahorro - Spareinlage 95
depreciación - Entwertung 7, 25, 81, **115**
depresión - Depression 17
derecho a la huelga - Streikrecht 56
Derechos Especiales de Giro - Sonderziehungsrechte 120
descubierto bancario - Kontoüberziehung 95
descuento - Abzug, Diskontierung 79, 104
descuento bancario - Bankdiskont 100
descuento de letras de cambio - Wechseldiskontierung 91, **101**, 105
descuento por pronto pago - Skonto 79
desempleado/parado - Arbeitsloser 45, 57, **59**, 61, 67
desempleo/paro - Arbeitslosigkeit 49, 50, 58, **59**, 63
desgravación (fiscal) - (Steuer-)Freibetrag 37
despedir - kündigen 47
despido - Entlassung 49, 56, 67
desregulación - Liberalisierung 49
deuda - Schuld 77, 131
deuda externa - Auslandsverschuldung 24
deuda pública - Staatsschuld 10, **109**, 112, 121, 139

Índice 152

deudor - Schuldner 97, 101, 103, 106
devaluación - Abwertung **115**, 116, 120
devolución - Rückerstattung, Rückvergütung 37, 80, 81
dietas - Diäten 19
dinero - Geld **5**, 25, 132
dinero efectivo - Bargeld 103
dinero negro - Schwarzgeld 67
dirección de personal - Personalführung 70
distribución - Absatz, Vertrieb **29**, 70
distribución de la renta - Einkommensverteilung 21
dividendo - Dividende 19, 33, **72**, 128, **129**
divisa - Devise **5**, 31, 103, 115, 118, 124, 127
duopolio - Duopol 13
economía de la empresa - Betriebswirtschaftslehre 1
economía de mercado - Marktwirtschaft **9**, 11
economía forestal - Forstwirtschaft 3
economía nacional - Volkswirtschaft 67
economía planificada - Planwirtschaft 10
economía sumergida - Schattenwirtschaft 16, 48, 49, 62, **67**
ECU - ECU 117
edad de jubilación - Pensionsalter 65
efecto comercial - Handelspapier 100, 121
ejercicio - Geschäftsjahr, Finanzjahr 78, 79, 81, 109, 129
emisión - Ausgabe 131
emisión de acciones - Aktienemission 123
emisión de deuda pública - Staatsschuldbegebung 43, **109**
emisión de dinero/de moneda - Geldemission 107, **109**, 111
emisor - Emittent 5, 103
empleado - Angestellter 19, 30, **46**, 69
empleo - Arbeitsplatz, Beschäftigung 49
empleo a tiempo completo - Vollzeitbeschäftigung 45
empleo a tiempo parcial - Teilzeitbeschäftigung 45
empleo estacional - Saisonarbeit 47
empleo eventual - Gelegenheitsarbeit 47
empresa - Unternehmen 19, 35, 47, 51, **69**
empresa grande - Großbetrieb 70
empresa minera - Bergwerksbetrieb 80
empresa pequeña y mediana - Klein-, Mittelbetrieb 70
empresa privada - Privatunternehmen 70
empresa pública - öffentliches Unternehmen 70

empresario - Unternehmer	25, 42, 47, 49, 51, 55, 67, **70**
empresa filial - Tochterfirma	**70**, 85, 127
empresa individual - Einzelunternehmen	69
empréstito - Anleihe	**97**, 131
encuesta - Umfrage	89
Encuesta de Población Activa - Arbeitskräfteerhebung	59
endeudamiento - Verschuldung	43
endosante - Indossant	102
endosar - indossieren	101
endosatario - Indossatar	102
endoso - Indossierung	102
entidad/institución financiera - Finanzinstitut	8, 104
entidad bancaria/banco - Bankinstitut	8, **91**, 99, 136, 139
entrevista - Interview	89
espiral inflacionista precios-salarios - Lohn-Preis-Spirale	25
esquirol - Streikbrecher	55
establecimiento comercial - Geschäftsniederlassung	30
establecimiento detallista - Einzelhandelsniederlassung	30
Estado de bienestar - Wohlfahrtsstaat	10, 23, 43, 49, 63
exportación - Export	23, 34, 115
fabricante - Produzent	29
factor - Factor (im Factoring)	105
factor productivo/de producción - Produktionsfaktor	69, 83
factoring - Factoring	105
factura - Rechnung	41
facturación - Umsatz	79
familia/hogar - Haushalt	22, 25, 27
filial/empresa ~ - Tochtergesellschaft	**70**, 85, 127
financiación - Finanzierung	7
financiación ajena - Fremdfinanzierung	78
financiación propia - Eigenfinanzierung	77
firma - Unterschrift	103
flete - Frachtgebühr	33
Fondo Monetario Internacional - Internationaler Währungsfonds	119
fondos - Mittel	63, 81, 91, 99, 103, 115, 127, 129, 131
fondo de cohesión - Kohäsionsfonds	21, 33
fondo de inversión - Investmentfonds	**127**, 140
fondo de inversión en activos del mercado monetario - Geldmarktfonds	127
fondo de inversión inmobiliaria - Immobilienfonds	127
fondo de inversión mobiliaria - Wertpapierfonds	127

fondo de pensiones - Pensionsfonds 93
fondo de renta fija - Rentenfonds 128
fondo de renta variable - Aktienfonds 128
fondo mixto - gemischter Fonds 128
fondos/recursos propios - Eigenmittel 77
forma jurídica (de una empresa) - Rechtsform 69
formación (de la mano de obra) - Ausbildung der Arbeitskräfte 60
franja de oscilación/banda de fluctuación - Schwankungsbreite 114, 118
fraude fiscal - Steuerhinterziehung 41
fuente de ingresos - Einnahmequelle 19, 39
funcionario - Beamter 46
fusión de empresas - Fusionierung von Betrieben 87
futuro - Future, Terminkontrakt 133, **135**, 140
futuro financiero - Finanzterminkontrakt 136
ganadería - Viehzucht 3
ganancias - Gewinne 19, **80**
gasto - Ausgabe 80, 81
gasto público - Staats-, öffentliche Ausgaben 10, 21, 26, 35, **43**, 49, 109
GATT (Acuerdo General sobre Aranceles Aduaneros y Comercio) 32
gestión (de la empresa) - Unternehmensführung 72, 73, 77, 81, 131, 137
gestión de los cobros - Forderungsverwaltung 105
grupo empresarial - Konzern **85**, 88
hábito de compra - Kaufgewohnheit 89
Hacienda Pública - Staatsfinanzen 39, 42, 43, 109
hiperinflación - Hyperinflation 26
hipermercado - Großkaufmarkt 30
hipoteca - Hypothek 98
hogar/familia - Haushalt 22, 25, 27
hoja salarial - Lohnstreifen 19
holding/sociedad ~ - Holding 70, **85**
honorario - Honorar 20
hora extra - Überstunde 55
hotelería - Hotellerie 3, 40
huelga/paro - Streik 55
huelga de brazos caídos - Sitzstreik 55
huelga de celo - Dienst nach Vorschrift 55
huelga de hambre - Hungerstreik 56
huelga de solidaridad - Solidaritätsstreik 56
huelga de trabajo lento - Bummelstreik 55
huelga general - Generalstreik 55

huelga sectorial - branchenweiter Streik 55
huelguista - Streikender 55
importación - Import 25, 34, 115
importador - Importeur 115
impuesto - Steuer 19, **35**, 38, 39, 41, 43, 44, 67, 75, 80
impuesto directo - direkte Steuer 21, **35**, 37, 41
impuesto indirecto - indirekte Steuer 15, **35**, 38, 39, 41
impuesto sobre actividades económicas - Gewerbesteuer 35
impuesto sobre el patrimonio - Vermögenssteuer 35
impuesto sobre el valor añadido (IVA) - Mehrwertsteuer (Mwst.) 36, **39**, 41
Impuesto sobre la renta de las personas físicas (IRPF) - Einkommenssteuer . 35, **37**, 41
impuesto sobre la renta de las sociedades - Körperschaftssteuer 35, 81, 93
impuesto sobre sucesiones y donaciones - Erbschafts- und Schenkungssteuer 35
impuesto sobre transmisiones patrimoniales - Vermögensverkehrssteuer 36
incapacidad laboral - Arbeitsunfähigkeit 65
indemnización - Abfertigung, Entschädigung 47, 137
índice de precios al consumo (IPC) - Verbraucherpreisindex 17, **27**, 53
índice bursátil - Börsenindex 125
industria - Industrie 3
industria alimentaria - Nahrungsmittelindustrie 3
industria ligera - Leichtindustrie 68
industria manufacturera - verarbeitende Industrie 3
industria pesada- Schwerindustrie 3
inflación - Inflation 7, **25**, 103
inflación subyacente - Basisinflation 27
inflación galopante - galoppierende Inflation 26
ingreso - Einnahme, Einkunft 2,7, 16, **19**, 27, 37, 42, 61, 65, 69, 78, 80, 109
inmueble - Immobilie 36, 105
institución/entidad financiera - Finanzinstitut 8, 104
institución de crédito - Kreditinstitut 123
instrumento/medio de pago - Zahlungsmittel 5, 79, 102, 103
intercambio (comercial)/comercio - Handel 3, **29**, 31, 123
interés - Zins 7, 20, 33, 37, 75, 91, 95, **99**, 131
interés compuesto - Zinseszins 99
interés simple - einfacher Zins 99
interlocutores/agentes sociales - Sozialpartner 52, 53
inversión - Investition 7, 8, 34, 44, 78, 81, 91
inversión financiera - Geldanlage 138
inversión pública - Investition der öffentlichen Hand 109
inversor - Anleger, Investor 6, 7, 98, 115, 123, 127, 130, 131

investigación de mercados - Marktforschung 89
joint-venture - Joint-Venture 86
jornada laboral/de trabajo - Arbeitszeit 47, 49, 53
jornada laboral completa - Ganztagsarbeit 45
jornada de trabajo/laboral - Arbeitszeit 47, 49, 53
jornal - Tagelohn 20
jubilación - Pensionierung 47
jubilación anticipada - Frühpensionierung 53, 65
junta de socios - Gesellschafterversammlung 72
junta general (de accionistas) - Hauptversammlung (der Aktionäre) 72, 129
lanzamiento (de un producto) - Markteinführung 90
leasing - Leasing 105
letra de cambio - Wechsel 79, 100, **101**, 103, 121
Letra del Tesoro - Schatzbrief 110
ley de la oferta y la demanda - Gesetz von Angebot und Nachfrage **11**, 123
librado (de un cheque, etc.) - Bezogener 101, 103
librador (de un cheque, etc.) - Aussteller 101, 103
libre comercio/librecambio - Freihandel 9, **31**
libre competencia - freier Wettbewerb 9
librecambio/libre comercio - Freihandel 9, **31**
libreta de ahorro - Sparbuch 95
liquidación de viaje - Reisekostenabrechnung 20
liquidez - Liquidität 123, 132
mano de obra - Arbeitskräfte 31, 58, 84
mano de obra disponible - Arbeitskräftepotential 57
maquinaria - Maschinen(park) 69, 84, 105
masa monetaria - Geldmenge 111, 140
materia prima - Rohstoff 1, 13, 15, 24, 39, 69, 84, 135
mayorista - Großhändler 29
medio ambiente - Umwelt 18
medio/instrumento de pago - Zahlungsmittel 5, 79, 102, 103
medio de producción - Produktionsmittel 10
mercado - Markt 1, 13, 29
mercado al contado - Kassamarkt 133, 136
mercado bancario - Banken 121, 123
mercado bursátil/de valores, bolsa - Börse 71, 122, **123**, 125, 139
mercado continuo - Computerbörse 139
mercado de capitales - Kapitalmarkt 123
mercado de créditos - Kreditmarkt 122
mercado de divisas - Devisenmarkt 111, 113, **121**

mercado de productos derivados - Markt für Derivative 140
mercado de renta fija - Markt für festverzinsliche Wertpapiere 140
mercado de renta variable - Markt für variabel verzinsliche Wertpapiere 140
mercado de trabajo/laboral - Arbeitsmarkt 49, 53
mercado de valores/bursátil - Wertpapiermarkt 71, 122, **123**, 125, 139
mercado del dinero/monetario - Geldmarkt 107, 120, **121**
mercado financiero - Finanzmarkt 115, 118, 121, 127, 134
mercado interbancario - Interbankenmarkt 121
mercado laboral - Arbeitsmarkt 49, 53
mercado monetario/del dinero - Geldmarkt 107, 120, **121**
mercado primario - Primärmarkt 123
mercado secundario - Sekundärmarkt 123
mercancía - Ware 79
minería - Bergbau 3
Ministerio de Economía y Hacienda - Wirtschafts- und Finanzministerium 109, 139
minorista - Einzelhändler 29
moneda - Währung 5, 31, 103, 111, 113, 115, 117, 121, 124
moneda común - gemeinsame Währung 113
moneda única - Einheitswährung 113
monedas (metálicas) - Münzen **5**, 118
monopolio - Monopol 9, **13**
monopolio de demanda - Nachfragemonopol 13
monopolio de oferta - Angebotsmonopol 13
monopolio de ventas - Verkaufsmonopol 13
monopolio estatal - Staatsmonopol 14
monopsonio - Nachfragemonopol 13
multinacional/empresa ~ - multinationales Unternehmen 70
negociación salarial - Lohnverhandlung 53
negocio - Geschäft 115
negocio propio - ordentliche Geschäftstätigkeit 80
nivel de precios - Preisniveau 22
nivel de renta - Einkommensniveau 120
nivel de vida - Lebensstandard 21
nómina - Lohnliste des Betriebs, Lohn 20
objeto social (de una empresa) - Geschäftsbereich 80, 127
obligación - Anleihe 97, 122, 123, 127, **131**, 140
Obligación del Estado - Staatsanleihe 110
obligacionista - Obligationeninhaber 131
obrero - Arbeiter 19, **46**, 69
OCDE (Organización de Cooperación y Desarrollo Económico) - OECD 23

ocupación - Beschäftigung **45**, 49
ocupado - Erwerbstätiger 45, 57, 59
oferente - Anbieter 9, 11
oferta - Angebot 9, **11**, 13, 83, 111
oferta pública de adquisición de acciones - öffentliches Übernahmeangebot 87
oficina de cambio - Wechselstube 104
oficina/agencia de colocación - Arbeitsvermittlungsagentur 58, 62
oficina de empleo - Arbeitsamt 49, 58, 59, 61
oligopolio - Oligopol 13
opción - Option **133**, 140
opción de compra - Kaufoption 133
opción de venta - Verkaufsoption 133
operación de activo - Aktivgeschäft 91
operación de pasivo - Passivgeschäft 91
Organización Mundial del Comercio (OMC) - Welthandelsorganisation 32
pagaré - Solawechsel 100, **103**, 104, 121
paga extraordinaria - Sonderzahlung 19
países desarrollados - entwickelte Länder 18
países emergentes - Schwellenländer **23**, 31, 49
países en vías de desarrollo - Entwicklungsländer 23
países industrializados - Industrieländer 23
países subdesarrollados - unterentwickelte Länder 24
parado/desempleado - Arbeitsloser 45, 57, **59**, 61, 67
paro/desempleo - Arbeitslosigkeit 49, 50, 58, **59**, 63
paro/huelga - Streik 55
paro de larga duración - Langzeitarbeitslosigkeit 60
paro juvenil - Jugendarbeitslosigkeit 60
participación (en una empresa) - Anteil (an e. Unternehmen) 71, 76, 87, 127
partícipes (de un fondo de inversión) - Anteilsinhaber 127
pasivo - Passiva **77**, 129
patrimonio - Vermögen 35, 37, 71, 73
patronal - Arbeitgeberverband 51, 53
patrono - Arbeitgeber 56, 69
pedido - Auftrag 79
pensión asistencial - Sozialpension 65
pensión de invalidez permanente - Invaliditätspension 65
pensión de jubilación - Alterspension 47, 61, 63, **65**
pensión de orfandad - Waisenpension 65
pensión de viudedad - Witwenpension 65
perceptor de renta - Einkommensbezieher 19, 21, 37

pérdida - Verlust 14, 129
pérdida de valor - Wertverlust 7, 81, 134
permiso a la importación - Einfuhrgenehmigung 31
pesca - Fischerei 3
piquete - Streikposten 55
plantilla - Belegschaft 69
plazo - Laufzeit, Frist 81, 87, 95
plazo de amortización - Tilgungsfrist 109, 131
plazo de vencimiento - Fälligkeit 100
plazo de recaudación - Einhebungsfrist 43
plusvalías - Wertzuwächse 10, 37, 128, 130
población activa - Erwerbsbevölkerung 23, 45, **57**, 60
población ocupada - erwerbstätige Bevölkerung 45, **57**
población potencialmente activa - erwerbsfähige Bevölkerung 57
poder adquisitivo/de compra, capacidad adquisitiva/de compra - Kaufkraft . 6, 22, 25, 28
política de precios - Preispolitik 83
política de tipos de cambio - Wechselkurspolitik 116
política económica - Wirtschaftspolitik 112
política financiera - Finanzpolitik **111**, 140
politica fiscal - Steuerpolitik **43**, 109
política laboral - Beschäftigungspolitik 49
política monetaria - Geld-/Währungspolitik 107, 109, **111**, 114, 140
política presupuestaria - Budgetpolitik 43
póliza (de un seguro) - (Versicherungs)Polizze 137
poseedores de capital - Kapitaleigner 91
precio al contado - Kassapreis 136
precio competitivo - konkurrenzfähiger Preis 31
precio de compra - Ankaufspreis 81, 130
precio de dumping - Dumpingpreis 32
precio de mercado - Marktpreis 15
precio de venta - Verkaufspreis 130
precio del dinero - Geldpreis 91, 99, 107
presión fiscal - Steuerlast 41
prestación (de un servicio) - Dienstleistung 35, 63, 65
prestación social - Sozialleistung 22
prestamista - Kreditgeber 97
préstamo - Darlehen 5, 91, **97**, 119
préstamo hipotecario - Hypothekardarlehen 93, 138
prestatario - Kreditnehmer 97
presupuesto (público) - (Staats-)Budget 35, 43, 63, 109, 111

prima (de una opción) - Optionsprämie	134
prima (de productividad) - Produktivitätsprämie	19
prima/cuota de un seguro - Versicherungsprämie	136, **137**
principal de un crédito - Kreditsumme	81, **97**
privatización - Privatisierung	14
producción - Produktion	19, 29, 70
productividad - Produktivität	83
producto - Produkt	27, 46
producto acabado/terminado - Fertigware	**1**, 80
producto derivado - Derivativ	133
producto elaborado - verarbeitetes Produkt	3, 24
producto financiero - Finanzinstrument	136
producto/bien inmaterial/intangible - immaterielles Gut	**1**, 3, 46
producto interior bruto (PIB) - Bruttoinlandsprodukt (BIP)	10, **15**, 17, 23, 41, 63, 117
producto interior neto - Nettoinlandsprodukt	16
producto/bien material/tangible - materielles Gut	3, 33
producto nacional bruto (PNB) - Bruttosozialprodukt (BSP)	15
producto nacional neto - Nettosozialprodukt	16
producto semielaborado - Halbfertigware	**1**, 80
producto/bien tangible/material - materielles Gut	3, 33
producto terminado/acabado - Fertigware	**1**, 80
productor - Produzent	25
profesión liberal - freier Beruf	20, 41, **45**
progresividad fiscal - Steuerprogression	38, 43
proteccionismo - Protektionismus	31
proveedor - Lieferant	39, 101
público objetivo - Zielgruppe	89
puesto de trabajo - Arbeitsplatz	54
quiebra - Konkurs	71, 73, 120, 129, 138
rama/ramo - Wirtschaftszweig	3, 51, 53, 68
razón social - Firmenname	73
recaudación - Einnahmen, Erhebung (Steuer, etc.)	35, 40, 43, 109
reconversión - Umstrukturierung	65
recursos - Ressourcen	83
recursos financieros - finanzielle Mittel	77
recursos naturales - natürliche Ressourcen	1, 69
recursos propios - Eigenmittel	126
redescuento - Rediskont	100
redistribución - Umverteilung	21
reducción de la jornada laboral - Arbeitszeitverkürzung	53

reducción de la base imponible - Verminderung der Bemessungsgrundlage 37
reembolso/amortización (de un crédito) - Tilgung 97, 131
reivindicaciones laborales - Forderungen bzgl. Arbeitsbedingungen 55
relación laboral - Arbeitsverhältnis 47
remuneración - Entlohnung 19, 46, 53
rendimientos del capital inmobiliario - Einkünfte aus Immobiliarvermögen 37
rendimientos del capital mobiliario - Einkünfte aus Kapitalvermögen 37
rendimientos del trabajo - Einkünfte aus nichtselbständiger Arbeit 37
rendimientos empresariales/profesionales - Einkünfte aus selbständiger Arbeit 37
renta - Einkommen 19
renta familiar - Haushaltseinkommen 21
renta nacional - Volkseinkommen 15
renta nacional per cápita - Pro-Kopf-Einkommen 21
rentabilidad - Ertrag 7, 111, 127, 128, 132
renta de capital - Kapitalertrag 19
renta de inversión - Investitionsertrag 33
reparto - Verteilung 29
reparto de beneficios - Gewinnausschüttung 72, 73
representante - Vertreter 30
reserva - Rücklage 75
reservas de oro - Goldreserven 5
reservas mínimas - Mindestreserven 93
responsabilidad personal - Eigenverantwortung 64
resultado de la empresa - Betriebsergebnis 78, 81, 124
resultado extraordinario - Ergebnis der außerordentlichen Geschäftstätigkeit 78
resultado ordinario - Ergebnis der ordentlichen Geschäftstätigkeit 78
retención - Einbehaltung 37
retorno cooperativo - Rückvergütung (Genossenschaft) 75
retraso en la entrega - Lieferverzögerung 79
retribución - Vergütung 123
revaluación - Aufwertung 116
rompehuelgas - Streikbrecher 55
salario - Lohn 19, 25, 37, 46, 49, 57, 61, 67, 69, 98
salario bruto - Bruttolohn 36
salario mínimo - Mindestlohn 53, 66
saldo (de una cuenta) - Kontostand 95, 96
sanidad/asistencia sanitaria - Gesundheitswesen 44, 55, **63**, 65, 137
sector (económico) - Wirtschaftssektor **3**, 29, 68, 69, 85
sector agrario/agricultura - Landwirtschaft **3**, 20, 48, 68
sector de la construcción - Bauwirtschaft **3**, 20, 48, 68

sector exterior - Außenhandelssektor 25
sector primario - Primärsektor 3, 23, 46
sector público - öffentlicher Sektor 2
sector secundario - Sekundärsektor 3, 23, 46
sector servicios/terciario - Tertiärsektor 3, 23, 46
segmento de mercado - Marktsegment 89
Seguridad Social - Sozialversicherung 10, 21, 61, **63**, 65, 67, 137
seguro - Versicherung 33, 95, 103, **137**
seguro de responsabilidad civil - Haftpflichtversicherung 137
seguro de vida - Lebensversicherung 137
seguro obligatorio - Pflichtversicherung 137
servicio - Dienstleistung **1**, 3, 9, 15, 23, 27, 41, 46, 69
servicio financiero - Finanzdienstleistung 3, 93, 105
servicio postventa - Kundendienst 89
sesión bursátil - Börsensitzung 125, 129
silvicultura - Forstwirtschaft 3
sindicato - Gewerkschaft **51**, 53, 55
sistema bancario - Bankenwesen 107
sistema de protección social - Sozialschutzsystem 23
sistema financiero - Finanzsystem 112
sistema fiscal - Steuersystem 40
Sistema Monetario Europeo (SME) - Europäisches Währungssystem 114, 117
sistema monetario internacional - Internationales Währungssystem 117
sociedad (mercantil) - (Handels-)Gesellschaft 37, 69, 71, 73
sociedad anónima - Aktiengesellschaft 69, **71**, 93, 127, 129
sociedad anónima laboral - Aktiengesellschaft unter Mitbeteiligung der Arbeitnehmer . 75
sociedad colectiva - Offene Handelsgesellschaft 69, **73**
sociedad comanditaria - Kommanditgesellschaft 69, **73**
Sociedad comanditaria por acciones - Kommanditgesellschaft auf Aktien 74
sociedad cooperativa - Genossenschaft 75
sociedad de cartera - Beteiligungsgesellschaft 85
sociedad (de responsabilidad) limitada - Gesellschaft mit beschränkter Haftung .. 69, **71**
sociedad gestora (de un fondo de inversión) - Investmentfondsgesellschaft 127
sociedad holding - Holdinggesellschaft 70, **85**
sociedad inversora - Investmentgesellschaft 125
sociedad/casa matriz - Muttergesellschaft 85
socio - Gesellschafter, Genosse 7, 19, 69, 71, 73, 75, 77, 87
socio capitalista - Kapitalgesellschafter 73
socio colectivo - Komplementär 73
socio comanditario - Kommanditist 73

socio industrial - Arbeitsgesellschafter 73
subsidio - Beihilfe 19
subsidio de desempleo - Arbeitslosenunterstützung 47, 59, **61**, 63, 67
subvención - Subvention 15, 19
sucursal - Filiale 93
sueldo - Gehalt **19**, 37
sueldo base - Grundgehalt 19
superávit - Überschuß 34
supermercado - Supermarkt 30
suscripción de acciones - Aktienzeichnung 71
suscripción de empréstitos - Anleihenzeichnung 85
suscriptor - Unterzeichner 131
talonario de cheques - Scheckheft 95
tarjeta de crédito - Kreditkarte 5, 92, 95
tasa de cobertura de desempleo - Leistungsbezieherquote 59, 61
tasa de desempleo/de paro - Arbeitslosenrate 17, **60**
tasa de inflación - Inflationsrate 25, 27
tasa de paro/de desempleo - Arbeitslosenrate 17, **60**
tasa - Gebühr **35**, 43
tasa de población activa - Erwerbsquote 57
Tercer Mundo - Dritte Welt 18, **24**, 119
tesoro público - Staatskasse 109
tipo de cambio - Wechselkurs 25, 31, 107, **113**, 116, 117, 119
tipo de cambio fijo - fester Wechselkurs 113
tipo de cambio flotante - flexibler Wechselkurs 113
tipo de descuento - Diskontsatz 99
tipo de interés - Zinssatz 91, 93, 96, **99**, 107, 110, 111, 115, 133, 140
tipo de IVA - Mehrwertsteuersatz 39
titular (de un seguro) - Versicherter 65
título (~ valor) - Wertpapier 5, 37, 97, 109, **121**, 123, 125, 127, 129
título de renta fija - festverzinsliches Wertpapier 122, 131
título de renta variable - Dividendenpapier 122
tomador de un cheque - Schecknehmer 103
tomador de un seguro - Versicherungsnehmer 137
tomador de una letra de cambio - Wechselnehmer 101
trabajador - Arbeitnehmer **47**, 49, 69
trabajador agrícola - Landarbeiter 61
trabajador autónomo/independiente/por cuenta propia - Selbständiger 20, 37, **45**
trabajador por cuenta ajena - unselbständig Beschäftigter 19, **45**, 51
trabajadores por cuenta propia/autónomo/independiente - Selbständiger 20, 37, **45**

trabajo a destajo - Akkordarbeit 48
trabajo a tiempo total o parcial - Voll- od. Teilzeitarbeit 67
trabajo por horas - stundenweise Arbeit 45
trabajo remunerado - bezahlte Arbeit **45**, 57, 59
trabajo temporal - befristete Beschäftigung 45
transferencia bancaria - Banküberweisung 92
transferencia (pública) - (staatliche) Transferzahlung 19, 33
transporte - Transport(wesen) **3**, 29
tributo - Abgabe 19, **35**, 109
trueque - Tauschhandel 5
turismo - Tourismus 33, 48
unidad de cuenta - Rechnungseinheit 5
unidad de cuenta europea (ECU) - Europäische Währungseinheit 117
unidad monetaria - Währungseinheit 111, 117
unión de tipos de cambio - Wechselkursunion 113
Unión Europea - Europäische Union 21, 27, 31, 33, 39, 41, 63, 117
Unión Monetaria - Währungsunion 113
valor añadido - Wertzuwachs, Mehrwert 15
valor final (de una acción en bolsa) - Schlußkurs 125
valor inicial (de una acción en bolsa) - Eröffnungskurs 125
valor nominal - Nominalwert 129
valor oficial - amtlich festgesetzter Kurs 116
valor real (de una acción) - Kurswert 129
valor residual - Restwert 105
vencimiento - Fälligkeit 119, 132, 136
venta - Verkauf 19, 41
venta directa - Direktvertrieb 29
volumen de contratación (en bolsa) - Börsenumsatz 126
volumen de exportación - Exportvolumen 25
volumen de producción - Produktionsvolumen 83

Alphabetisches Sachregister (deutsch - spanisch):

Abfertigung - indemnización 47, 137
Abgabe - tributo 19, **35**, 109
Absatz (Umsatz) - cifra de ventas 79
Absatz (Vertrieb) - distribución **29**, 70
Absatzweg - canal de distribución **29**, 90
Abschreibung - amortización 15, 80, **81**
Abschreibungsrate - cuota de amortización 81, 105
Absetzbetrag (steuerlicher ~)- deducción (fiscal) 37
Abwertung - devaluación **115**, 116, 120
Akkordarbeit - trabajo a destajo 48
Aktie - acción 71, 85, 87, 93, 122, 123, 127, **129**, 131, 133
Aktienemission - emisión de acciones 123
Aktienfonds - fondo de renta variable 128
Aktiengesellschaft - sociedad anónima 69, **71**, 93, 127, 129
Aktiengesellschaft unter Mitbeteiligung der Arbeitnehmer - sociedad anónima laboral . 75
Aktienzeichnung - suscripción de acciones 71
Aktionär - accionista 77, 87, 107, 127
Aktivgeschäft - operación de activo 91
Alterspension - pensión de jubilación 47, 61, 63, **65**
An- und Verkauf - compraventa 36, 115
Anbieter - oferente 9, 11
Anfangskapital - capital inicial 97
Angebot - oferta 9, **11**, 13, 83, 111
Angebotskurve - curva de oferta 11
Angebotsmonopol - monopolio de oferta 13
Angestellter - empleado 19, 30, **46**, 69
Ankaufspreis - precio de compra 81, 130
Anlagegut - bien de equipo 2
Anleger - inversor 6, 7, 98, 115, 123, 127, 130, 131
Anleihe - empréstito **97**, 131
Anleihe, Obligation - obligación 97, 122, 123, 127, **131**, 140
Anstellung - contratación 47
Anteil (an e. Unternehmen) - participación (en una empresa) 71, 76, 87, 127
Anteilsinhaber (eines Investmentfonds) - partícipe (de un fondo de inversión) 127
Arbeit (bezahlte ~) - trabajo remunerado **45**, 57, 59
Arbeiter - obrero 19, **46**, 69
Arbeitgeber - patrono 56, 69
Arbeitgeberverband - patronal 51, 53

Arbeitnehmer - trabajador **47**, 49, 69
Arbeitsamt - oficina de empleo 49, 58, 59, 61
Arbeitsbedingungen - condiciones de trabajo 53
Arbeitsgesellschafter - socio industrial 73
Arbeitskosten - coste laboral/de la mano de obra 23, 84
Arbeitskräfte - mano de obra 31, 58, 84
Arbeitskräfteerhebung - Encuesta de Población Activa 59
Arbeitskräftepotential - mano de obra disponible 57
Arbeitslosenrate - tasa de paro/de desempleo 17, **60**
Arbeitslosenunterstützung - subsidio de desempleo 47, 59, **61**, 63, 67
Arbeitsloser - desempleado/parado 45, 57, **59**, 61, 67
Arbeitslosigkeit - desempleo/paro 49, 50, 58, **59**, 63
Arbeitsmarkt - mercado laboral/de trabajo 49, 53
Arbeitsplatz - empleo/puesto de trabajo 49, 54
Arbeitsunfähigkeit - incapacidad laboral 65
Arbeitsverhältnis - relación laboral 47
Arbeitsvermittlungsagentur - agencia/oficina de colocación 58, 62
Arbeitsvertrag - contrato laboral/de trabajo **47**, 56, 76
Arbeitszeit - jornada laboral/de trabajo 47, 49, 53
Arbeitszeitverkürzung - reducción de la jornada laboral 53
Aufsichtsrat - consejo de vigilancia 72
Auftrag - pedido 79
Auftragsbestand - cartera de pedidos 79
Aufwandsentschädigung - compensación por gastos 19
Aufwertung - apreciación/revaluación 115, 116
Ausbildung der Arbeitskräfte - formación de la mano de obra 60
Ausgabe - gasto 80, 81
Ausgabe (Aktien etc.) - emisión 131
Auslandsverschuldung - deuda externa 24
Aussteller - librador (de un cheque, etc.) 101, 103
Außenhandel - comercio exterior 114
Außenhandelssektor - sector exterior 25
Bandbreiten - bandas de fluctuación/franja de oscilación 114, 118
Bank - banco/entidad bancaria 8, **91**, 99, 136, 139
Bankdiskont - descuento bancario 100
Bankeinlage - depósito bancario. 94, **95**, 99, 118, 127, 132
Bankenmarkt - mercado bancario 121, 123
Bankenwesen - sistema bancario 107
Bankinstitut - entidad bancaria/banco 8, **91**, 99, 136, 139
Banknoten - billetes de banco **5**, 92, 118, 121

Bankprovision - comisión bancaria 33
Banküberweisung - transferencia bancaria 92
Bargeld - dinero efectivo 103
Basisinflation - inflación subyacente 27
Basiswert - activo subyacente 133, 135
Bauwirtschaft - construcción (sector de la ~) 3, 20, 48, 68
Beamter - funcionario 46
Begünstigter - beneficiario 137
Beihilfe - subsidio 19
Beitrag - contribución 35, 43
Beitragszahler (Sozialversicherung) - cotizante 63, 66
Belegschaft - plantilla 69
Bemessungsgrundlage - base imponible 37
Bergbau - minería 3
Bergwerksbetrieb - empresa minera 80
Beruf (freier ~)- profesión (liberal) 20, 41, **45**
Beschaffung - aprovisionamiento 70
Beschäftigung - ocupación **45**, 49
Beschäftigungspolitik - política laboral 49
Beteiligungsgesellschaft - sociedad de cartera 85
Betriebsaussperrung - cierre empresarial 56
Betriebsergebnis - resultado de la empresa 78, 81, 124
Betriebsrat - comité de empresa 55
Betriebswirtschaftslehre - economía de la empresa 1
Bezogener (Scheck etc.) - librado (de un cheque, etc.) 101, 103
Bilanz - balance (de una empresa) 77, 81, 107, 129
Börse - bolsa, mercado bursátil/de valores 71, 122, **123**, 125, 139
Börsenindex - índice bursátil 125
Börsenkapitalisierung - capitalización bursátil 126
Börsenkurs - cotización en bolsa 129
Börsensitzung - sesión bursátil 125, 129
Börsenumsatz - volumen de contratación (en bolsa) 126
Bruttogewinn - beneficio bruto 80
Bruttoinlandsprodukt (BIP) - producto interior bruto (PIB) 10, **15**, 17, 23, 41, 63, 117
Bruttolohn - salario bruto 36
Bruttosozialprodukt (BSP) - producto nacional bruto (PNB) 15
Buchhaltung - contabilidad 70, 74, **77**, 79, 81, 92, 106
Budget (öffentliches/Staats~) - presupuesto (público) 35, 43, 63, 109, 111
Budgetpolitik - política presupuestaria 43
Bummelstreik - huelga de trabajo lento 55

Bürge - avalista 98
Cash-Flow - cash-flow 81
Clearingstelle - cámara de compensación 136
Computerbörse - mercado continuo 139
Darlehen - préstamo 5, 91, **97**, 119
Defizit (öffentliches ~) - déficit (público) 43, 109
Deflation - deflación 25
Depotbank - banco depositario 127
Depression - depresión 17
Derivativ - producto derivado 133
Devise - divisa **5**, 31, 103, 115, 118, 124, 127
Devisenmarkt - mercado de divisas 111, 113, **121**
Diäten - dietas 19
Dienst nach Vorschrift - huelga de celo 55
Dienstleistung - servicio **1**, 3, 9, 15, 23, 27, 41, 46, 69
Dienstleistung (Erbringung einer ~) - prestación de un servicio 35, 63, 65
Dienstleistungsbilanz - balanza de servicios 33
Direktvertrieb - venta directa 29
Diskontierung - descuento 79, 104
Diskontsatz - tipo de descuento 99
Dividende - dividendo 19, 33, **72**, 128, **129**
Dividendenpapier - título de renta variable 122
Dritte Welt - Tercer Mundo 18, **24**, 119
Dumpingpreis - precio de dumping 32
Duopol - duopolio 13
ECU - ECU 117
Eigenfinanzierung - financiación propia 77
Eigenmittel - fondos/recursos propios 77, 126
Eigenverantwortung - responsabilidad personal 64
Einbehaltung - retención 37
Einfuhrgenehmigung - permiso a la importación 31
Einhebungsfrist - plazo de recaudación 43
Einheitswährung - moneda única 113
Einkaufszentrum - centro comercial 30
Einkommen - renta 19
Einkommensbezieher - perceptor de renta 19, 21, 37
Einkommensniveau - nivel de renta 120
Einkommenssteuer - impuesto sobre la renta de las personas físicas (IRPF) . 35, **37**, 41
Einkommensverteilung - distribución de la renta 21
Einkünfte aus selbständiger Arbeit - rendimientos empresariales/profesionales 37

Einkünfte aus Immobiliarvermögen - rendimientos del capital inmobiliario 37
Einkünfte aus nichtselbständiger Arbeit - rendimientos del trabajo 37
Einkünfte aus Kapitalvermögen - rendimientos del capital mobiliario 37
Einlage (in ein Unternehmen) - aportación (a una empresa) 71, 73, 88
Einleger - depositante 96
Einnahme - ingreso 2,7, 16, **19**, 27, 37, 42, 61, 65, 69, 78, 80, 109
Einnahmequelle - fuente de ingresos 19, 39
Einzelhandelsniederlassung - establecimiento detallista 30
Einzelhändler - minorista 29
Einzelunternehmen - empresa individual 69
Emittent - emisor 5, 103
Endprodukt - bien final **1**, 15
Endverbrauch - consumo final 1
Endverbraucher - consumidor final 29, 39
Entlassung - despido 49, 56, 67
Entlohnung - remuneración 19, 46, 53
Entwertung - depreciación 7, 25, 81, 115
Entwicklungshilfe - ayuda al desarrollo 119
Entwicklungsländer - países en vías de desarrollo 23
Erbschafts- und Schenkungssteuer - impuesto sobre sucesiones y donaciones 35
Ergebnis der außerordentlichen Geschäftstätigkeit - resultado extraordinario 78
Ergebnis der ordentlichen Geschäftstätigkeit - resultado ordinario 78
Eröffnungskurs - valor inicial (de una acción en bolsa) 125
Ertrag - rentabilidad 7, 111, 127, 128, 132
Erwerbsbevölkerung - población activa 23, 45, **57**, 60
erwerbsfähige Bevölkerung - población potencialmente activa 57
Erwerbsquote - tasa de población activa 57
erwerbstätige Bevölkerung - población ocupada 45, **57**
Erwerbstätiger - ocupado 45, 57, 59
Europäische Währungseinheit (ECU) - unidad de cuenta europea (ECU) 117
Europäische Union - Unión Europea 21, 27, 31, 33, 39, 41, 63, 117
Europäisches Währungssystem - Sistema Monetario Europeo (SME) 114, 117
Export - exportación 23, 34, 115
Exportvolumen - volumen de exportación 25
Factor - factor 105
Factoring - factoring 105
Fälligkeit - vencimiento (plazo de ~) 100, 119, 132, 136
Fertigware - producto acabado/terminado 1, 80
Filiale - sucursal 93
Finanzanlage - activo financiero 6, 121, 133, 138

Finanzdienstleistung - servicio financiero 3, 93, 105
Finanzierung - financiación 7
Finanzinstitut - entidad/institución financiera 8, 104
Finanzinstrument - producto financiero 136
Finanzmarkt - mercado financiero 115, 118, 121, 127, 134
Finanzpolitik - política financiera **111**, 140
Finanzsystem - sistema financiero 112
Finanzterminkontrakt - futuro financiero 136
Firmenname - razón social 73
Fischerei - pesca 3
Forderungen bzgl. Arbeitsbedingungen - reivindicaciones laborales 55
Forderungsverwaltung - gestión de los cobros 105
Forstwirtschaft - silvicultura/economía forestal 3
Frachtgebühr - flete 33
Fragebogen - cuestionario 89
Freibetrag (Steuer~) - desgravación (fiscal) 37
Freihandel - libre comercio/librecambio 9, **31**
Fremdfinanzierung - financiación ajena 78
Frühpensionierung - jubilación anticipada 53, 65
Fusionierung von Betrieben - fusión de empresas 87
Future (Terminkontrakt) - futuro (contrato de ~) 133, **135**, 140
Ganztagsarbeit - jornada laboral completa 45
GATT - GATT (Acuerdo General sobre Aranceles Aduaneros y Comercio) 32
Gebühr - tasa **35**, 43
Gegenleistung - contraprestación 33, 35
Gehalt - sueldo **19**, 37
Geld - dinero **5**, 25, 132
Geld-/Währungspolitik - política monetaria 107, 109, **111**, 114, 140
Geldanlage - inversión financiera 138
Geldemission - emisión de dinero/moneda 107, **109**, 111
Geldkapital - capital mobiliario 20, 69
Geldmarkt - mercado monetario/del dinero 107, 120, **121**
Geldmarktfonds - fondo de inversión en activos del mercado monetario 127
Geldmenge - masa monetaria 111, 140
Geldpreis - precio del dinero 91, 99, 107
Gelegenheitsarbeit - empleo eventual 47
Generalstreik - huelga general 55
Generalversammlung (e. Genossenschaft) - asamblea general (de una cooperativa) . 75
Genossenschaft - (sociedad) cooperativa 69, **75**, 102
Geschäft(stätigkeit) - negocio 80, 115

Geschäftsbereich - objeto social 80, 127
Geschäftsjahr (Finanzjahr) - ejercicio 78, 79, 81, 109, 129
Geschäftsniederlassung - establecimiento comercial 30
Gesellschaft mit beschränkter Haftung - sociedad (de responsabilidad) limitada .. 69, **71**
Gesellschafter - socio 7, 19, 69, 71, 73, 75, 77, 87
Gesellschafterversammlung - junta de socios 72
Gesetz von Angebot und Nachfrage - ley de la oferta y la demanda **11**, 123
Gesundheitswesen - sanidad/asistencia sanitaria 44, 55, **63**, 65, 137
Gewerbesteuer - impuesto sobre actividades económicas 35
Gewerkschaft - sindicato **51**, 53, 55
Gewerkschaftsbeitrag - cuota sindical 51
Gewinn - beneficio/ganancias 6, 19, 33, 69, 75, 77, **79**, **80**, 81, 91, 93, 129
Gewinnausschüttung - reparto de beneficios 72, 73
Gewinn- und Verlustrechnung - cuenta de pérdidas y ganancias/de resultados **77**, 81, 98
Girokonto - cuenta corriente 95
Gläubiger - acreedor 77, 85, 97, 101, 103, 131
Goldreserven - reservas de oro 5
Großbetrieb - empresa grande 70
Großhandel - comercio al por mayor 29
Großhändler - mayorista 29
Großkaufmarkt - hipermercado 30
Grundgehalt - sueldo base 19
Grundkapital (AG) - capital social 71, 73, 75, 87, 126, 129
Haftpflichtversicherung - seguro de responsabilidad civil 137
Halbfertigware - producto semielaborado **1**, 80
Handel - comercio/intercambio (comercial) 3, **29**, 31, 123
Handelsbilanz - balanza comercial 33
Handelsgesellschaft - sociedad mercantil 37, 69, 71, 73
Handelshemmnis - barrera comercial 31
Handelspapier - efecto comercial 100, 121
Handelsvertreter - agente comercial 30
Händler - comerciante 29
Hauptversammlung (der Aktionäre) - junta general de accionistas 72, 129
Haushalt - familia/hogar 22, 25, 27
Haushaltseinkommen - renta familiar 21
Hinterziehung der MwSt. - defraudación del IVA 41
Holding (~gesellschaft) - (sociedad) holding 70, **85**
Honorar - honorario 20
Hotellerie - hotelería **3**, 40
Hungerstreik - huelga de hambre 56

Hyperinflation - hiperinflación	26
Hypothek - hipoteca	98
Hypothekardarlehen - préstamo hipotecario	93, 138
Immobilie - inmueble	36, 105
Immobilienfonds - fondo de inversión inmobiliaria	127
Import - importación	25, 34, 115
Importeur - importador	115
Indossant - endosante	102
Indossatar - endosatario	102
indossieren - endosar	101
Indossierung - endoso	102
Industrie - industria	3
Industrieländer - países industrializados	23
Inflation - inflación	7, **25**, 103
Inflationsrate - tasa de inflación	25, 27
Inhaberscheck - cheque al portador	103
Interbankenmarkt - mercado interbancario	121
Internationaler Währungsfonds - Fondo Monetario Internacional	119
Internationales Währungssystem - sistema monetario internacional	117
Interview - entrevista	89
Invaliditätspension - pensión de invalidez permanente	65
Investition - inversión	**7**, 8, 34, 44, 78, 81, 91
Investition der öffentlichen Hand - inversión pública	109
Investitionsertrag - renta de inversión	33
Investitionsgut - bien de inversión	2
Investmentfonds - fondo de inversión	**127**, 140
Investmentgesellschaft - sociedad inversora	125
Investor - inversor	6, 7, 98, 115, 123, 127, 130, 131
Joint-Venture - joint-venture	86
Jugendarbeitslosigkeit - paro juvenil	60
Kapital - capital	73, 84, 85, 99, 127
Kapitalbilanz - balanza de capital/por cuenta de capital	34
Kapitaleigner - poseedores de capital	91
Kapitalertrag - renta de capital	19
Kapitalgesellschafter - socio capitalista	73
Kapitalgut - bien de capital	**2**, 15
Kapitalmarkt - mercado de capitales	123
Kartell - cártel	9, 85
Kassamarkt - mercado al contado	133, 136
Kassapreis - precio al contado	136

Sachregister (deutsch-spanisch)

Kaufgewohnheit - hábito de compra 89
Kaufkraft - capacidad adquisitiva/de compra, poder adquisitivo/de compra .. 6, 22, 25, 28
Kaufoption - opción de compra 133
Kleinbetrieb - pequeña empresa 70
Kleinhandel - comercio al por menor 29
Kohäsionsfonds - fondo de cohesión 21, 33
Kollektivvertrag - convenio colectivo 50, **53**
Kommanditgesellschaft - sociedad comanditaria 69, **73**
Kommanditgesellschaft auf Aktien - sociedad comanditaria por acciones 74
Kommanditist - socio comanditario 73
Kommerzbankwesen - banca comercial 93
Komplementär - socio colectivo 73
Komplementärgut - bien complementario 2
Konjunktur - coyuntura 17
Konkurrent - competidor 13
Konkurrenz - competencia 14, 31, 83, 89
Konkurrenzfähigkeit - competitividad 83, 115
Konkurs - quiebra 71, 73, 120, 129, 138
Konsortium - consorcio 86
Konsum - consumo 7, 29, 35, 44, 99
Konsumgut - bien de consumo **2**, 11
Kontingent - contingente 31
Konto - cuenta (bancaria) 6, **95**, 107, 132
Kontostand - saldo (de una cuenta) 95, 96
Kontoüberziehung - descubierto bancario 95
Konvertierbarkeit - convertibilidad (de una moneda) 103
Konzern - grupo (empresarial) **85**, 88
Körperschaft (öffentliche ~) - corporación (pública) 35, 70, 98, 131
Körperschaftssteuer - impuesto sobre (la renta de las) sociedades 35, 81, 93
Kredit - crédito 7, 34, 91, **97**, 99, 107, 112, 119
Kreditgeber - prestamista 97
Kreditinstitut - institución de crédito 123
Kreditkarte - tarjeta de crédito 5, 92, 95
Kreditmarkt - mercado de créditos 122
Kreditnehmer - prestatario 97
Kreditsumme - principal de un crédito 81, **97**
Kunde - cliente 89
Kundendienst - servicio postventa 89
kündigen - despedir 47
Kundschaft - clientela 106

Kupon - cupón 131
Kurs - cotización/curso 116, **124**, 126, 133
Kurswert (e. Aktie) - valor real (de una acción) 129
Lagerung - almacenaje 29
Landarbeiter - trabajador agrícola 61
Landwirtschaft - agricultura/sector agrario 3, 20, 48, 68
Langzeitarbeitslosigkeit - paro de larga duración 60
Laufzeit - plazo 81, 87, 95
Leasing - leasing 105
Leasinggesellschaft - compañía de leasing 105
Leasingrate - cuota de alquiler 105
Lebensqualität - calidad de vida 18, 21
Lebensstandard - nivel de vida 21
Lebensversicherung - seguro de vida 137
Lehrvertrag - contrato de aprendizaje 48
Leichtindustrie - industria ligera 68
Leistungsbezieherquote (Arbeitslosenunt.) - tasa de cobertura de desempleo 59, 61
Leistungsbilanz - balanza por cuenta corriente 34
Lieferant - proveedor 39, 101
Lieferverzögerung - retraso en la entrega 79
Liquidität - liquidez 123, 132
Lohn - salario **19**, 25, 37, 46, 49, 57, 61, 67, 69, 98
Lohn-/Gehaltsempfänger - asalariado **45**, 56
Lohn (~liste des Betriebs) - nómina 20
Lohn-Preis-Spirale - espiral inflacionista precios - salarios 25
Lohnstreifen - hoja salarial 19
Lohnverhandlung - negociación salarial 53
Markt - mercado 1, 13, 29, 140
Marktanteil - cuota de mercado 25
Markteinführung - lanzamiento (de un producto) 90
Marktforschung - investigación de mercados 89
Marktpreis - precio de mercado 15
Marktsegment - segmento de mercado 89
Marktwirtschaft - economía de mercado **9**, 11
Maschinen (~park) - maquinaria 69, 84, 105
Mehrwertsteuer (Mwst.) - impuesto sobre el valor añadido (IVA) 36, **39**, 41
Mehrwertsteuersatz - tipo de IVA 39
Meistbegünstigungsklausel - cláusula de nación más favorecida 32
Miete/Pacht - alquiler 20, 69
Mindestlohn - salario mínimo 53, 66

Mindestreserven - reservas mínimas 93
Miteigentümer - copropietario 129
Mitgliedschaft (Gewerkschaft) - afiliación (a un sindicato) 51
Mittel - fondos/recursos 63,77, 81, 91, 99, 103, 115, 127, 129, 131
Mittelbetrieb - mediana empresa 70
Monopol - monopolio 9, **13**
Monopson - monopolio de demanda/monopsonio 13
Münzen - monedas (metálicas) **5**, 118
Muttergesellschaft - casa/sociedad matriz 85
Nachfrage - demanda 9, **11**, 13, 111
Nachfragekurve - curva de demanda 11
Nachfragemonopol - monopolio de demanda/monopsonio 13
Nachfrager - demandante 9, 11
Nahrungsmittelindustrie - industria alimentaria 3
Namensaktie - acción nominativa 76
Namensscheck - cheque nominativo 103
Nettoinlandsprodukt - producto interior neto 16
Nettosozialprodukt - producto nacional neto 16
Nominalwert - valor nominal 129
Notenbank - banco emisor 113
Obligation, Anleihe - obligación 97, 122, 123, 127, **131**, 140
Obligationeninhaber - obligacionista 131
OECD - OCDE (Organización de Cooperación y Desarrollo Económico) 23
Offene Handelsgesellschaft - sociedad colectiva 69, **73**
öffentliches Defizit - déficit público 43, 109
Oligopol - oligopolio 13
Option - opción **133**, 140
Passiva - pasivo **77**, 129
Passivgeschäft - operación de pasivo 91
Pensionierung - jubilación 47
Pensionsalter - edad de jubilación 65
Pensionsfonds - fondo de pensiones 93
Personalführung - dirección de personal 70
Pfandbrief - cédula hipotecaria 122
Pflichtversicherung - seguro obligatorio 137
Pfusch - chapuza 68
Planwirtschaft - economía planificada 10
Polizze (Versicherungs~) - póliza (de un seguro) 137
Praktikumsvertrag - contrato de prácticas 48
Prämie (Options~) - prima (de una opción) 134

Prämie (Produktivitäts~) - prima (de productividad) 19
Preisniveau - nivel de precios 22
Preispolitik - política de precios 83
Primärmarkt - mercado primario 123
Primärsektor - sector primario 3, 23, 46
Privatisierung - privatización 14
Privatunternehmen - empresa privada 70
Pro-Kopf-Einkommen - renta nacional per cápita 21
Produkt - producto 3, 24, 27, 46
Produktion - producción 19, 29, 70
Produktionsfaktor - factor productivo/de producción 69, 83
Produktionsgut - bien de producción 82
Produktionskosten - coste de producción 69
Produktionsmittel - medio de producción 10
Produktionsvolumen - volumen de producción 83
Produktivität - productividad 83
Produzent - fabricante/productor 25, 29
Protektionismus - proteccionismo 31
Provision - comisión 19
Realkapital - capital inmobiliario 20, 69
Rechnung - factura 41
Rechnungseinheit - unidad de cuenta 5
Rechtsform - forma jurídica (de una empresa) 69
Rediskont - redescuento 100
Reingewinn - beneficio neto **80**, 92
Reisekostenabrechnung - liquidación de viaje 20
Reisescheck - cheque de viaje 92, **103**
Rentenfonds - fondo de renta fija 128
Ressourcen - recursos 1, 69, 83
Restwert - valor residual 105
Rohstoff - materia prima 1, 13, 15, 24, 39, 69, 84, 135
Rohstoffbörse - bolsa de materias primas 123
Rückerstattung - devolución 37, 80, 81
Rücklage - reserva 75
Rückvergütung (Genossenschaft) - retorno cooperativo 75
Rückzahlung (e. Kredits) - amortización/reembolso (de un crédito) **97**, 131
Sachkapital - capital inmobiliario 20, 69
Saisonarbeit - empleo estacional 47
Schattenwirtschaft - economía sumergida 16, 48, 49, 62, **67**
Schatzbrief - Letra del Tesoro 110

Scheck - cheque 5, 92, 101, **103**
Scheckheft - talonario de cheques 95
Schecknehmer - tomador de un cheque 103
Schlußkurs (e. Aktie) - valor final (de una acción en bolsa) 125
Schmuggel - contrabando 67
Schuld - deuda 77, 131
Schuldner - deudor 97, 101, 103, 106
Schuldverschreibung - bono 97, 110, **131**
Schwankungsbreite - banda de fluctuación/franja de oscilación 114, 118
Schwarzgeld - dinero negro 67
Schwellenländer - países emergentes **23**, 31, 49
Schwerindustrie - industria pesada 3
Sekundärmarkt - mercado secundario 123
Sekundärsektor - sector secundario **3**, 23, 46
Selbständiger - trabajador por cuenta propia/autónomo/independiente 20, 37, **45**
Sichteinlage - depósito a la vista 95
Sitzstreik - huelga de brazos caídos 55
Skonto - descuento por pronto pago 79
Solawechsel - pagaré 100, **103**, 104, 121
Solidaritätsstreik - huelga de solidaridad 56
Sonderzahlung - paga extraordinaria 19
Sonderziehungsrechte - Derechos Especiales de Giro 120
Sozialleistung - prestación social 22
Sozialpartner - interlocutores/agentes sociales 52, 53
Sozialpartnerschaft - concertación social 50, 53
Sozialpension - pensión asistencial 65
Sozialschutzsystem - sistema de protección social 23
sozialversichert - afiliado a la Seguridad Social 65
Sozialversicherung - Seguridad Social 10, 21, 61, **63**, 65, 67, 137
Sozialversicherungsbeitrag - cotización a la Seguridad Social 36, 41, **63**, 65
Sparbuch - libreta de ahorro 95
Spareinlage - depósito de ahorro 95
Spargelder - ahorro 6, **7**, 20, 44, 91, 123, 127, 132, 138
Sparer - ahorrador 7, 93, 95, 99, 123, 128, 136
Sparkasse - caja de ahorros **93**, 139
Sparkonto - cuenta de ahorro 95
Staats-/öffentliche Ausgaben - gasto público 10, 21, 26, 35, **43**, 49, 109
Staatsanleihe - Obligación del Estado 110
Staatsfinanzen - Hacienda Pública 39, 42, 43, 109
Staatskasse - tesoro público 109

Staatsmonopol - monopolio estatal 14
Staatsschuld - deuda pública 10, **109**, 112, 121, 139
Staatsschuldbegebung - emisión de deuda pública 43, **109**
Stammkapital - capital social 71
Steuer - impuesto 19, **35**, 38, 39, 41, 43, 44, 67, 75, 80
Steuer (direkte ~) - impuesto directo 21, **35**, 37, 41
Steuer (indirekte ~) - impuesto indirecto 15, **35**, 38, 39, 41
Steuereinhebung (~nahmen) - recaudación 35, 40, 43, 109
Steuererklärung - declaración de la renta **37**, 42
Steuerhinterziehung - fraude fiscal 41
Steuerlast - presión fiscal 41
Steuerpolitik - política fiscal **43**, 109
Steuerprogression - progresividad fiscal 38, 43
Steuersystem - sistema fiscal 40
Steuerzahler - contribuyente 35, 37
Straßenhandel - comercio ambulante 24
Streik - huelga/paro 55
Streikbrecher - esquirol/rompehuelgas 5
Streikender - huelguista 55
Streikposten - piquete 55
Streikrecht - derecho a la huelga 56
Substitutionsgut - bien sustitutivo 2
Subvention - subvención 15, 19
Supermarkt - supermercado 30
Tagelohn - jornal 20
Tauschhandel - trueque 5
Teilzeitbeschäftigung - empleo/trabajo a tiempo parcial 45, 67
Teilzeitvertrag - contrato a tiempo parcial 47
Termineinlage - depósito a plazo 95
Tertiärsektor - sector terciario/sector (de) servicios 3, 23, 46
Tilgung (e. Kredits) - amortización/reembolso (de un crédito) **97**, 131
Tilgungsfrist - plazo de amortización 109, 131
Tilgungsrate - cuota de amortización 97
Tochtergesellschaft - (empresa) filial **70**, 85, 127
Tourismus - turismo 33, 48
Transferzahlung (staatliche ~) - transferencia (pública) 19, 33
Transport(wesen) - transporte **3**, 29
Übernahme von Betrieben - adquisición de empresas 87
Übernahmeangebot (öffentliches ~) - oferta pública de adquisición de acciones 87
Überschuß - superávit 34

Überstunde - hora extra(ordinaria) 55
Übertragungsbilanz - balanzas de transferencias 33
Umfrage - encuesta 89
Umsatz - facturación 79
Umsatzerlös - cifra de negocios 19, **79**, 126
Umstrukturierung - reconversión 65
Umverteilung - redistribución 21
Umwelt - medio ambiente 18
Umweltverschmutzung - contaminación del medio ambiente 16, 22
Unselbständiger (unselbständig Beschäftigter) - trabajador por cuenta ajena . 19, **45**, 51
Unternehmen - empresa 19, 35, 47, 51, **69**, 70
Unternehmensführung - gestión (de la empresa) 72, 73, 77, 81, 131, 137
Unternehmenskonzentration - concentración empresarial 85
Unternehmer - empresario 25, 42, 47, 49, 51, 55, 67, **70**
Unterschrift - firma 103
Unterzeichner - suscriptor 131
Verbraucher - consumidor 2, 3, 11, 29, 38, 39, 89, 111, 115
Verbrauchergenossenschaft - cooperativa de consumo 75
Verbraucherpreisindex - índice de precios al consumo (IPC) 17, **27**, 53
Vergütung - retribución 123
Verkauf - venta 19, 41
Verkaufsmonopol - monopolio de ventas 13
Verkaufsoption - opción de venta 133
Verkaufspreis - precio de venta 130
Verlust - pérdida 14, 129
Vermarktung - comercialización 86, **90**
Verminderung der Bemessungsgrundlage - reducción de la base imponible 37
Vermögen - patrimonio 35, 37, 71, 73
Vermögen (~swert) - activo 77, 85,105,121
Vermögenssteuer - impuesto sobre el patrimonio 35
Vermögensverkehrssteuer - impuesto sobre transmisiones patrimoniales 36
Verschuldung - endeudamiento 43
Versicherer - asegurador 137
Versicherter - titular (de un seguro) 65
Versicherter (geschützte Person) - asegurado 65, **137**
Versicherung - seguro 33, 95, 103, **137**
Versicherungsgesellschaft - compañía de seguros/aseguradora **137**, 138, 139
Versicherungsnehmer - tomador de un seguro 137
Versicherungsprämie - prima de un seguro 136, **137**
Versicherungsrate - cuota de seguro 136, **137**

Versicherungsvertrag - contrato del seguro 137
Verteilung - reparto 29
Vertrag - contrato 49, 67, 133
Vertreter - representante 30
Viehzucht - ganadería 3
Volkseinkommen - renta nacional 15
Volkswirtschaft - economía nacional 67
volkswirtschaftliche Gesamtrechnung - contabilidad nacional 4
Vollzeitbeschäftigung - empleo/trabajo a tiempo completo/total 45, 67
Vollzeitvertrag - contrato a tiempo completo 47
Vorstand (e. Unternehmens) - consejo de administración 72
Vorstand (e. Genossenschaft) - consejo rector 75
Währung - moneda 5, 31, 103, 111, 113, 115, 117, 121, 124
Währungseinheit - unidad monetaria 111, 117
Währungskorb - cesta de monedas 117
Währungs-/Geldpolitik - políca monetaria 107, 109, **111**, 114, 140
Währungsunion - Unión Monetaria 113
Waisenpension - pensión de orfandad 65
Ware - mercancía 79
Warenbilanz - balanza de mercancías 33
Warenkorb - cesta de la compra 27
Wechsel - letra de cambio 79, 100, **101**, 103, 121
Wechseldiskontierung - descuento de letras de cambio 91, **101**, 105
Wechselkurs - tipo de cambio 25, 31, 107, **113**, 116, 117, 119
Wechselkursabkommen - acuerdo de tipos de cambio 114
Wechselkurspolitik - política de tipos de cambio 116
Wechselkursunion - unión de tipos de cambio 113
Wechselnehmer - tomador de una letra de cambio 101
Wechselstube - oficina de cambio 104
Weltbank - Banco Mundial 119
Welthandelsorganisation - Organización Mundial del Comercio (OMC) 32
Werbekampagne - campaña de publicidad 89
Wertanlage - depósito de valor 5, 121
Wertpapier - título (valor) 5, 37, 97, 109, **121**, 123, 125, 127, 129, 131
Wertpapierbestand - cartera de valores 85
Wertpapierbörse - bolsa de valores (mobiliarios) **123**, 139
Wertpapierfonds - fondo de inversión mobiliaria 127
Wertpapiermarkt - mercado de valores 122, 125
Wertverlust - pérdida de valor 7, 81, 134
Wertzuwächse - plusvalías 10, 37, 128, 130

Wettbewerb - competencia 9
Wirtschafts- und Finanzministerium - Ministerio de Economía y Hacienda 109, 139
Wirtschaftsaufschwung - auge (económico) 17, 57
Wirtschaftsembargo - bloqueo económico 32
Wirtschaftsgut - bien económico **1**, 3, 9, 11, 15, 29, 33, 46, 69, 77, 81
Wirtschaftspolitik - política económica 112
Wirtschaftssektor - sector (económico) 2, **3**, 29, 68, 69, 85
Wirtschaftssubjekt - agente económico 9, 19, 25, 99, 115, 121, 129, 135
Wirtschaftswachstum - crecimiento económico 17
Wirtschaftszweig - rama/ramo **3**, 51, 53, 68
Wirtschaftszyklus - ciclo económico 17
Witwenpension - pensión de viudedad 65
Wohlfahrtsstaat - Estado de bienestar 10, 23, 43, 49, 63
Wohlstand - bienestar 9, 16, 18, 38
Zahlungsbilanz - balanza de pagos 33
Zahlungsmittel - medio/instrumento de pago 5, 79, 102, 103
Zentralbank - banco central 5, 34, 93, 100, **107**, 110, 111, 113, 117, 139
Zielgruppe - público objetivo 89
Zins - interés 7, 20, 33, 37, 75, 91, 95, **99**, 131
Zinseszins - interés compuesto 99
Zinssatz - tipo de interés 91, 93, 96, **99**, 107, 110, 111, 115, 133, 140
Zoll - arancel **31**, 36
Zollkontrolle - control en aduana 31
Zwischenprodukt - bien intermedio **1**, 15